Steven Rochlitz
Aus dem Vollen schöpfen

Steven Rochlitz

# Aus dem Vollen schöpfen

Energiebalance für jeden
mit der Rochlitz-Methode

Mit einem Vorwort von
Dr. John Wright

VAK
Verlag für Angewandte Kinesiologie GmbH
Freiburg im Breisgau

Titel der englischen Originalausgabe:
Why do Music Conductors live into their 90's?
© 1993 by Steven Rochlitz
Human Ecology Balancing Sciences, Inc., New York
ISBN 0-945262-42-6

Die Deutsche Bibliothek - CIP-Einheitsaufnahme

**Rochlitz, Steven:**
Aus dem Vollen schöpfen: Energiebalance für jeden mit der
Rochlitz-Methode / Steven Rochlitz - Freiburg im Breisgau:
VAK, Verl. für Angewandte Kinesiologie, 1996
Einheitssacht.: Why do music conductors live into their 90's? <dt.>
ISBN 3-924077-82-7

1. Auflage 1996
© VAK Verlag für Angewandte Kinesiologie GmbH,
Freiburg im Breisgau
Übersetzung: Rotraud Oechsler
Lektorat: Christof Lehr
Umschlag: Hugo Waschkowski
Zeichnungen: Ken Vatter
Fotos: Emil Bezold
Druck: Friedrich Pustet GmbH & Co. KG, Regensburg

Printed in Germany
ISBN 3-924077-82-7

Für
Kitty Kopey

immerdar in Liebe

Es ist unwahrscheinlich,
daß man einen Menschen mit einem
*lieberen Herzen*
trifft

## Danksagung

Folgenden Personen möchte ich für ihre Forschungsarbeiten oder
ihre Gesprächsbereitschaft danken:
Sheldon Deal, D.C., George Goodheart, D.C. und Dr. Fred Shull.
Ich danke auch meinem Anwalt, William Unroch,
für seine Vorschläge.
Für die Unterstützung des Human Ecology Balancing Sciences
Programms danke ich Ron Jahner, Dean Stonier, Libby Gardon
(von der Kanadischen Verbraucherorganisation)
und John O'Neill, A.P.

# Vorbemerkungen des Verlags

# Inhalt

# Vorwort

Ich denke, jeder Mensch erlebt einen Wendepunkt in seinem Leben, wenn eine ganz besondere Veränderung eintritt, die eine neue Art zu denken initiiert und einen Wechsel in eine andere spannende Richtung in Gang setzt. Für mich kam dieser wichtige Augenblick im November 1985, als ich an einem Seminar von Professor Steven Rochlitz in Melbourne, Australien, teilnahm. Dieses Seminar vermittelte die in diesem Buch vorgestellten Erkenntnisse.

Damals war ich seit zwölf Jahren in einer allgemeinmedizinischen Praxis tätig; wegen meiner teilweise mangelhaften konventionellen medizinischen Ausbildung war ich bei der Behandlung einer beträchtlichen Anzahl von Patienten verwirrt und frustriert. Einigen fehlte scheinbar nichts, denn alle Tests fielen normal aus, und doch ging es ihnen nicht gut und sie wußten es. Und dann gab es andere, denen man erzählt hatte, sie seien unheilbar krank und müßten für den Rest ihres Lebens Medikamente nehmen.

Wie aufregend war es da, eine neue Technik kennenzulernen, mit der man zeigen konnte, daß diese Patienten nur deshalb krank waren, weil sie körperlich völlig aus dem Gleichgewicht geraten waren. Mit der Technik der Körperbalance von Steven Rochlitz wird das System des Patienten wieder in Ordnung gebracht, so daß es wieder normal funktionieren kann und dadurch zur Selbstheilung befähigt wird.

Die Rochlitz-Techniken erzielen zusammen mit einer guten Diät und einem Minimum an Medikamenten (in den meisten Fällen gar keinen mehr!) ganz verblüffende Ergebnisse. In meiner Praxis konnte ich bemerkenswerte Erfolge und sogar Heilungen erzielen. Einige Patienten haben die Hochdrucktherapie eingestellt und behielten einen normalen Blutdruck, andere nahmen keine Diuretika mehr und es ging ihnen anhaltend gut – sie setzten Antidepressiva, Hypnotika und Beruhigungsmittel ab und blieben glücklich; wieder andere konnten Nahrungsmittelallergien, die

Symptome eines Reizdarmes, Arthritis, Schwindel, Lernstörungen, Müdigkeit und Ekzeme überwinden. Ihre Haare wuchsen wieder, ihre Konzentration kehrte zurück, der Monatszyklus wurde wieder normal, sie nahmen ab, wurden besser im Sport und die meisten erhielten Energie, Wohlbefinden und Vitalität zurück. Die Methoden in diesem Buch heilen nicht alle Krankheiten und sind auch kein Allheilmittel für Probleme, aber ohne sie kann der Körper seine Selbstheilungskräfte nicht in Gang setzen.

Mit diesem Buch kann der Leser alle oben genannten Beschwerden loswerden. Für meine ärztlichen Kollegen hoffe ich, daß unser Berufsstand die Rochlitz-Methoden mit der Zeit akzeptieren wird und daß diese an alle interessierten und begeisterungsfähigen Medizinstudenten weitergegeben werden können. So können viele Kosten für Drogentherapie eingespart werden, es wird vielen Patienten besser gehen und sie werden gesund bleiben; der Arzt wird eine Krankheit behandeln und eine Wiedererkrankung verhindern können, anstatt immer wieder und wieder zu behandeln. Danke, Steve, für Deine geniale Arbeit!

Dr. med. John Wright

# Einleitung

Warum werden so viele Dirigenten über 90 Jahre alt? Dieses Buch
gibt als erstes eine korrekte Antwort auf diese entscheidende Frage.
Ja, die Antwort sollte jedem von uns ermöglichen, es ihnen in dem
Streben nach einem langen Leben gleichzutun – *wenn* wir uns nur
an die einfachen und sicheren Methoden in diesem Buch halten.
Erstaunt werden Sie herausfinden, daß Sie Ihr Herz und Kreislaufsystem *in kürzester Zeit* mit mehr Energie versorgen können. Sie
werden gleich an diesem historischen Unternehmen teilnehmen.
Mit den Entdeckungen in diesem Buch können Sie nun lernen, wie
man 90 Jahre alt wird und *vital* bleibt – wie viele Dirigenten!

In Kapitel 1 erfahren Sie, wie ein Physiker durch lebenslange
schlechte Gesundheit *gezwungen* wurde, diese große medizinische
Entdeckung zu machen. Die Kapitel 2 und 3 beleuchten die speziellen Übungen, die wir uns ausgedacht haben, basierend auf den
Erkenntnissen darüber, warum Dirigenten so lange leben. Das dritte
Kapitel zeigt Ihnen eine Spezialübung, die sich sogar noch wirksamer als diejenige der Dirigenten erweisen dürfte. So können wir
vielleicht ein Lebensalter erreichen, das jenseits der üblichen Erwar-
tungen liegt.

Als nächstes informieren wir Sie über Erkenntnisse bezüglich
Diät und Ernährung, die unsere Chancen für ein sehr langes *und*
gesundes Leben fördern. Wir werden lernen, wie wir die Gefahren
von Herz-Kreislauferkrankungen und Krebs deutlich senken können. Daran schließt sich ein Kapitel über die Entdeckungen des
Autors zum Thema Abnehmen an.

Was wir für Ihr Herz und Ihren Kreislauf getan haben, werden
wir auch für Ihr Gehirn tun. Eine ähnlich einfache, sichere und
wirksame Übung kann Ihre Lese-, Lern- und Gedächtnisleistung
ziemlich rasch verbessern.

In drei zusätzlichen Kapiteln wollen wir die revolutionären
Methoden dieses Buches nutzen, um den Blutdruck zu senken und

denjenigen zu helfen, die an chronischem Erschöpfungssyndrom
oder an Multipler Sklerose leiden. Wir zeigen Ihnen auch, wie Sie
Ihre sportlichen Fähigkeiten verbessern können. Ob Sie nun zu den
Anwärtern auf olympisches Gold gehören oder ein Freizeitsportler
sind, wir versprechen Ihnen, daß Sie Ihre Beweglichkeit, Ausdauer
und sportliche Leistung sehr schnell verbessern!

Der Epilog (Kapitel 12) berichtet von Menschen, welche die in
diesem Buch dargestellten Erkenntnisse in den letzten Jahren
genutzt haben. Sie haben heute einen normalen Blutdruck, keine
Herzrhythmusstörungen mehr, konnten alle Medikamente gefahrlos absetzen und Quetschungen, kalte Hände und Füße und andere
Probleme beseitigen. Sie, die Leser dieses Buches, können uns Ihre
Ergebnisse für die nächste Auflage zusenden. Noch Jahre später
können Sie uns mitteilen, was dieses Buch zu Ihrem langen Leben
beigetragen hat (Adressen im Anhang C).

Anhang A zeigt die wirklichen Ursachen für die chronischen
Gesundheitsprobleme der heutigen Zeit auf. Anhang B zeigt Ihnen,
wie Sie mit der Angewandten Kinesiologie umgehen können, die
von den (meiner Ansicht nach) besten Ärzten der heutigen Zeit entdeckt wurde. So können Sie sofort herausfinden, in welcher Weise
Ihr Körper aus der Balance ist und was Sie dagegen tun können.
Weitere Teile des Anhangs enthalten hilfreiche Quellen, eine Bibliographie und ein Stichwortverzeichnis. Literaturverweise sind fort-
laufend numeriert [in eckiger Klammer] und in der Bibliographie –
Anhang D – aufgeführt .

Wir legen dem Leser ans Herz, die Übungen *beim Lesen zu
machen* – es sei denn, medizinisch spricht etwas dagegen. Man muß
die Dinge *tun und nicht nur lesen*, wenn man sich vorgenommen
hat, lange und gesund zu leben.

Die in diesem Buch beschriebenen Methoden sind sicher, einfach, schnell, billig, wirksam und sie machen Spaß. Wir laden den
Leser ein, sich dem Kreis derer anzuschließen, die auf der ganzen
Welt entweder mit diesen Methoden gesund geworden sind oder sie
nutzen, um 90 Jahre und älter zu werden!

New York, Oktober 1993                              Steven Rochlitz

# Kapitel 1
# Einem Physiker gelingt ein medizinischer Durchbruch

Es ist eine bekannte Tatsache, daß viele Dirigenten 90 Jahre und älter wurden. Leopold Stokowski war 95, Pablo Casals 96, David Mannes 93, Paul Paray 92, Nadia Boulanger 90, Arturo Toscanini und auch Pierre Monteux 89 Jahre, als sie starben. Selbst Charly Chaplin – Komiker, Regisseur und Produzent – schien das Geheimnis zu kennen. Und er nutzte es, um 88 Jahre alt zu werden. Dies ist um so erstaunlicher, als diese Menschen zu einer Zeit geboren wurden, in der die durchschnittliche Lebenserwartung bei ungefähr 50 Jahren lag. Genauso wichtig wie die hohe Lebenserwartung ist aber die Lebensqualität. Dirigenten sind auch dafür bekannt, daß sie das ganze Leben lang *vital* und *lebensfroh* sind.

Bis jetzt konnte man sich nicht erklären, warum das so ist. Die Antwort wird uns allen helfen, das hochfliegendste aller Ziele zu erreichen: ein sehr langes und gesundes Leben! Unsere Logik ist sehr einfach. Die durchschnittliche Lebenserwartung liegt in der zivilisierten Welt bei ca. 75 Jahren. Die drei hauptsächlichen Todesursachen sind Herzinfarkt, Krebs und Schlaganfall. Wenn wir herausfinden können, was Dirigenten für ihr Herz und den Kreislauf tun, und dies dann nachmachen, können wir die Risiken von Herzinfarkten und Schlaganfällen stark herabsetzen. Halten wir uns an eine bestimmte Diät und die Vorschläge zur Ernährung, die in diesem Buch gemacht werden, können wir auch die Wahrscheinlichkeit sehr verringern, an Krebs, der zweithäufigsten Todesursache, zu erkranken. So können wir damit rechnen, es mit Hilfe der in diesem Buch dargestellten Methoden bis in die 90er zu schaffen – und das bei guter Gesundheit!

Wie kam nun der Autor zu den Erkenntnissen, die uns ein Leben bis jenseits der 90er ermöglichen? Hauptsächlich zwei Faktoren waren dafür wesentlich. Der erste war meine Ausbildung als

Physiker. Der zweite entscheidende Faktor war meine eigene lebenslange schlechte Gesundheit. Da nach sehr vielen Besuchen bei Schulmedizinern keine Besserung eintrat, war ich gezwungen, meine Sinne wirklich zu öffnen.

Von Kindheit an hatte ich viele Gesundheitsprobleme. Dazu gehörten chronische Müdigkeit, ständige Störungen im Magen-Darmtrakt, Kopfschmerzen einschließlich Migräne, Arthritis und viele andere.

Als ich 25 Jahre alt war, hatte ich bereits zwei Jahre lang an zwei Universitäten Physik unterrichtet. Zu dieser Zeit bekam ich auch Probleme mit dem Herzen, verschiedene Arten von Herzrhythmusstörungen. Als Wissenschaftler war ich erstaunt (und oft verärgert), daß die Ärzte gar kein Interesse daran hatten, den Grund meiner Beschwerden herauszufinden. Ich hatte nur dieses oder jenes Medikament zu nehmen. Meine wissenschaftliche Ausbildung sagte mir jedoch, daß dies nicht Wissenschaft war, denn Wissenschaft beschäftigt sich mit *Ursache und Wirkung* – nicht damit, lediglich Symptome mit giftigen oder potentiell giftigen körperfremden Substanzen zu überdecken.

Ich wußte, daß es einen *besseren und wissenschaftlicheren* Weg geben mußte. Ich hatte in der Tat gar keine andere Wahl, da es mir ständig schlechter ging. Ich war dem Tode nahe und befand mich einige Jahre lang in einem invaliden Zustand. Aber ich hatte begonnen, mich mit verschiedenen Gesichtspunkten der sogenannten alternativen oder komplementären oder ganzheitlichen Medizin zu beschäftigen. Zuerst beschäftigte ich mich mit Ernährung. Dies erwies sich als zweischneidiges Schwert. Denn gerade als mir klar wurde, daß viele meiner Symptome von (versteckten) Nahrungsmittelallergien kamen, entwickelte ich auch eine Allergie gegen einige Vitamine! Dann begann ich mich mit einer neuen, als „Klinische Ökologie" oder „Umweltmedizin" bekannten Disziplin zu beschäftigen. Diese zeigt, daß Allergien gegen Nahrungsmittel, Chemikalien und andere Umweltstoffe häufig viele der heutigen chronischen, degenerativen, immunologischen und sogar „psychischen" Krankheiten verursachen können. Von diesen Ärzten erfuhr ich, daß ich unter „universellen Allergien" litt. Dieses Wissen bewahrte mich zwar davor, daß es mir schlechter ging, aber ich war noch immer verzweifelt auf der Suche nach Gesundheit.

Dann erfuhr ich von einer bemerkenswerten neuen Methode, nämlich der „Angewandten Kinesiologie". Dies ist die meiner Erfahrung nach schnellste Art, Imbalancen im Körper zu entdecken und zu korrigieren. Die Imbalancen beruhen häufig auf einer Fehlfunktion im Nervensystem, im System der Meridiane oder in anderen Systemen. Bis 1983 wurde ich durch die Anwendung dieser neuen Wissenschaft zum ersten Mal in meinem Leben gesund. Dann machte ich selbst Entdeckungen auf diesem neuen Gebiet. Im Jahre 1985 entwickelte ich die in diesem Buch beschriebenen Methoden, die meine Herzrhythmusstörungen verminderten, meinen Blutdruck normalisierten und die chronische Müdigkeit beseitigten. Meine Beweglichkeit und Ausdauer wurden sofort dadurch verbessert, daß ich herausfand, wie ich das Herz und das Kreislaufsystem in kürzester Zeit mit mehr Energie versorgen konnte. Die Weisheit *des Körpers und seine schnelle Regenerationsfähigkeit – wenn man nur das Richtige tut* – versetzen mich immer wieder in Erstaunen.

Im Jahre 1986 schickte mir ein Arzt eine Studie, die zeigte, daß „Arm-Jogging" zuträglicher sei als das übliche (Bein-)Jogging. Damals wurde mir klar, daß meine Entdeckung von 1985 auch die Antwort auf das wunderbare Rätsel war, warum so viele Dirigenten über 90 Jahre alt wurden! Diese Entdeckung ist der Kern dieses Buches und kann dazu führen, daß auch Sie möglicherweise über 90 Jahre alt werden! Vielen Menschen mit Herz-Kreislauf-Beschwerden oder Blutdruckproblemen, MS-Kranken und Patienten mit chronischer Müdigkeit konnte so geholfen werden.

Seit 1985 arbeiten wir auch mit Sportlern aus allen Disziplinen und Leistungsstufen. Sie waren erstaunt über die rasche Zunahme von Ausdauer, Beweglichkeit und Leistung! Zu den mit dem Kreislauf verbundenen Problemen, für die nun Abhilfe möglich ist, gehören Quetschungen, Herzrhythmusstörungen, „gefrorene" Muskeln oder Gelenke und Krampfadern.

Wir lehren diese Methoden nun seit acht Jahren mit außergewöhnlichen Ergebnissen und faktisch ohne Nebenwirkungen. Nun ist es an Ihnen zu lernen, wie Sie Ihre Chancen auf ein langes und gesundes Leben deutlich verbessern können.

# Kapitel 2
# Warum Dirigenten so lange leben:
# Die Rochlitz-Herz-Integrations-Übungen

Im Jahre 1985 machte der Autor eine Entdeckung [1], die als Durchbruch im Streben des Menschen nach langem Leben und Gesundheit in die Geschichte eingehen könnte. Sie könnte zumindest erklären, warum so viele Dirigenten über 90 Jahre alt wurden. Nach nur wenigen Seiten werden Sie in der Lage sein, diese Entdeckung nachzuvollziehen. Sie werden in Kürze lernen, wie Sie Ihr Herz und Ihr Kreislaufsystem in wenigen Minuten mit mehr Energie versorgen können.

Aber zuerst müssen wir einen Blick auf unser gegenwärtiges Wissen vom Herzen werfen. Es hat zwei Hälften mit *unterschiedlichen* Funktionen, wie das Gehirn. Eine Herzhälfte schickt sauerstoffarmes Blut zu den Lungen, die andere erhält sauerstoffreiches Blut und schickt es in den übrigen Körper. In vielem ist das Kreislaufsystem für uns ein Geheimnis. Die vier Kammern des Herzens und die peripheren Pulse schlagen oft nicht mit derselben Frequenz. Russische Wissenschaftler betrachten das Herz als „zweites Gehirn" mit holographischen Eigenschaften. Westliche Forscher haben kürzlich entdeckt, daß das Herz als endokrine Drüse [2] Hormone produziert, welche den Blutdruck regulieren und mit den anderen Organen, einschließlich Nieren und Gehirn zusammenarbeiten [3]. Auf alle Fälle ist es *mehr als nur eine einfache Pumpe*. (Dieses Kapitel macht vielleicht klar, warum künstliche Herzen niemals richtig arbeiten können.) Wir alle kennen die Allegorie, daß Gedanken und Gefühle „im Herzen geborgen" sind.

Andere vor uns haben schon versucht, die Frage zu beantworten, warum so viele Dirigenten über 90 Jahre alt werden *und* ihr ganzes Leben lang so viel Vitalität besitzen. Manche hielten die klassische Musik, die Dirigenten hören, für den Schlüssel zu diesem Geheimnis. Wäre dies wahr, so müßten *alle* Musiker – eigentlich alle, die klassische Musik hören – genauso lange leben wie die Dirigenten. Das trifft aber nicht zu. Es wurde uns klar, daß viele Studien zum Herz-Kreislauf-System das Schwergewicht *mehr* auf Armübungen als auf die normalen Lauf- oder Gehübungen legten. Dirigenten, von denen viele über 90 Jahre alt werden, führen ganz eindeutig dieses „Arm-Jogging" aus. Liegt es an dieser speziellen täglichen Armbewegung der Dirigenten, daß so viele von ihnen ein solches Alter erreichen konnten? *Ist dies das Geheimnis? Oder ist es die Musik in Verbindung mit der Armbewegung – oder noch etwas anderes?*

Der Autor fand die Antworten durch seine Kenntnis der Angewandten Kinesiologie, der Akupunktur-Theorie und der Integrationsübungen (Überkreuzbewegungen). Die Angewandte Kinesiologie, eine neue Energielehre, wurde in den 60er Jahren dieses Jahrhunderts von Dr. George Goodheart entwickelt. Sie basiert auf seinen Kenntnissen von Akupunktur und Muskelkinesiologie. Die Angewandte Kinesiologie hat gezeigt, daß ein bestimmter Muskel mit einem entsprechenden Meridian energetisch verbunden ist. Nun ist seit mehreren tausend Jahren bewiesen, daß die Meridiane ihre zugehörigen Organe mit Energie versorgen. Zum Beispiel versorgt der Lebermeridian die Leber selbst mit Energie. Es gibt also eine Muskel-Akupunkturmeridian-Organ-Verbindung.

Andere Forscher, zuerst Dr. Doman und Dr. Delacato, fanden vor über 40 Jahren heraus, daß ein bestimmter Übungstyp namens „Überkreuzbewegung" („Cross-crawl") sehr hilfreich bei Leseschwäche, bei Verletzungen, die zu Lähmungen führen, oder bei Krankheiten wie der Multiplen Sklerose (MS) ist. Dabei arbeitet man mit den jeweils *gegenüberliegenden* Armen und Beinen gleichzeitig. Man trainiert zuerst mit dem einen der einander gegenüberliegenden Arm-/Beinpaare und anschließend mit dem anderen (wie beim richtigen Gehen).

Wir sind noch ein Stück darüber hinausgegangen. Wir fanden heraus, daß man nicht nur einen Arm und ein Bein benutzen darf, sondern, daß *beide* Körperseiten – z.B. beide Arme – aktiviert werden müssen. Der Schlüssel ist die *genaue* Armbewegung, denn *nur dann*, wenn ein bestimmter Muskel aktiviert wird, wird sein zugehöriger Meridian mit Energie versorgt. Dieser versorgt seinerseits das zugehörige *Organ* mit Energie und optimiert dessen Tätigkeit.

In diesem Kapitel lernen Sie unsere Maestro-Übung und die Rochlitz-Herz-Integrations-Übung. Bei diesen einfachen Übungen, die tatsächlich den Armbewegungen von Dirigenten entsprechen, arbeitet der Musculus subscapularis (der hinter dem Schulterblatt liegt). Dieser Muskel ist mit dem Herzmeridian verbunden und damit *mit dem Herzen selbst*. Deshalb wird *jedes Mal*, wenn er aktiviert wird (wie wir noch beschreiben werden), *das Herz selbst optimiert und mit Energie versorgt!*

Wir behaupten, daß diese Übung die linke und rechte Herzhälfte *synchronisiert* oder *integriert* und somit das Herz stärkt. Der Gebrauch beider Körperseiten gleichzeitig und in Verbindung mit Summen (oder in manchen Fällen Zählen) veranlaßt das Gehirn, die Herzhälften neu einzustellen, zu integrieren oder zu synchronisieren (und gleichzeitig damit auch den Herzmeridian).

Das erklärt schließlich, warum die Armbewegungen von Dirigenten zu einem langen Leben führen können. Dirigenten wenden zufällig auch andere Elemente an, die nach unserer Theorie notwendig sind, um den Erfolg dieser Übungen sicherzustellen. Der Dirigent benutzt beide Arme, summt oder stimmt eine Melodie an und läßt seinen Blick über das gesamte Orchester schweifen! Er führt eine Herz-Integrations-Übung durch!

Dies ist eine wunderbare Übung für unser Herz-Kreislauf-System. Durch wiederholtes Üben bleibt das Herz offensichtlich auf einem Leistungsoptimum. Mit diesen Übungen kann man seinen Kreislauf in der Tat hervorragend verbessern! Sportler berichten über große Energieschübe, gerade wenn sie die Herz-Integration immer machen. Offensichtlich wird die Herztätigkeit erhöht.

*Achtung: Wenn der Leser herz- oder nierenkrank ist oder an Krankheiten der Blutgefäße oder zugehöriger Organe leidet, werden diese Methoden wahrscheinlich nicht funktionieren und Sie sollten zuerst Ihren Arzt aufsuchen. Lassen Sie sich von Ihrem Arzt grünes Licht geben, wenn Sie es nicht gewöhnt sind, Übungen zu machen. Diese Übungen brauchen zuerst nur eine oder zwei Minuten lang gemacht zu werden.*

Unsere erste *Herz-Integrations-Übung* heißt *Maestro-Übung*.
Richten Sie sich nach den folgenden Anweisungen, siehe Abbildung 1.

## Maestro-Übung [4]

1. Beginnen Sie zu summen. (Einige wenige Menschen müssen bei
   dieser Übung statt dessen zählen. Führen Sie die Übung zuerst
   ganz durch und summen dabei. Wenn es keine Veränderung gibt,
   fangen Sie noch einmal von vorne an und zählen dabei laut.)

2. Halten Sie die Ellbogen hoch und ein wenig nach außen gedreht
   und bewegen Sie Ihre Hände in zwei Halbkreisen, wie zwei „C",
   die mit dem Rücken zueinander stehen. Die Ellbogen werden
   nicht bewegt, nur Hände und Unterarme kreisen um den Ellbogen. Die Hände gehen hinunter und zur Außenseite, dann auf
   demselben Weg wieder zurück und dann nach oben und außen
   und wieder zurück.

3. Während Sie diese Übung fortsetzen, verfolgen Sie mit den
   Augen den Umfang eines großen (imaginären) Kreises. Der
   Kreis befindet sich um Ihren Kopf. Halten Sie den Kopf ganz
   gerade. Rotieren Sie nur mit Ihren Augen. Wenn Sie die Augenrotation schwindlig macht, *hören Sie auf damit*. Versuchen Sie

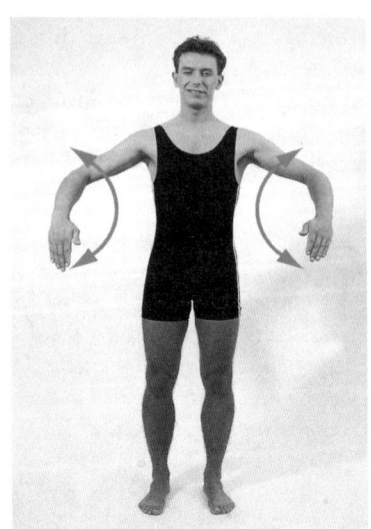

**Abbildung 1:** *Maestro-Übung.*
*Heben Sie die Ellbogen auf
Brusthöhe und halten sie dort fest.
Hände und Unterarme kreisen um
die Ellbogen, zuerst nach unten
und außen, dann zurück nach
oben und außen.*

statt dessen folgendes: Schauen Sie nacheinander auf die acht diagonalen Endpunkte, die ebenfalls um Ihren Kopf liegen (siehe
Abbildung 2).

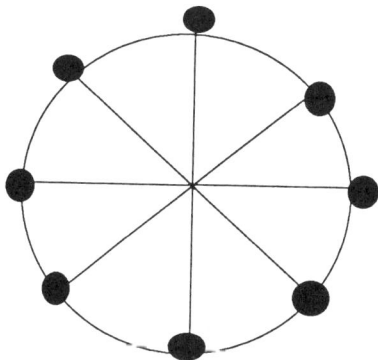

**Abbildung 2:**
*Verfolgen Sie bei der Maestro-
Übung mit den Augen den Kreis
oder fixieren Sie nacheinander
die acht äußeren Endpunkte der
Diagonalen.*

Nach kurzer Zeit sollte dies flüssig ablaufen und keine holprige
Schritt-für-Schritt-Übung mehr sein. Beachten Sie, daß Sie dies so
langsam tun können, wie Sie wollen, oder auch im Liegen üben können. Es funktioniert ohne Hast. Sie sollten zuerst ganz entspannt
sein. Falls Schmerzen oder Steifigkeit die exakte Durchführung der
Herz-Integrations-Übung verhindern, machen Sie sie einfach so gut
Sie können. Es ist in Ordnung.

*Hören Sie nun auf zu lesen. Machen Sie diese einfache Kor-
rektur bitte jetzt. Machen Sie sie, wenn Sie Ihr Leben verlängern und Ihre Gesundheit verbessern möchten.*

Ein Dirigent führt eine ähnliche Armbewegung aus, hört (und
summt) gute Musik (zählt dabei vielleicht sogar gleichzeitig) und
läßt seinen Blick über das gesamte Orchester vor sich schweifen.
Das ist auch eine Herz-Integrations-Übung! Seit man dies herausgefunden hat, ist es klar, daß man kein „Maestro" sein muß, um sich
wie ein solcher zu verhalten – *und denselben bemerkenswerten Nutzen daraus zu ziehen.* Charly Chaplin spürte dies wirklich intuitiv.
Wenn er klassische Musik hörte, führte er oft eine unserer Maestro-
Übung ähnliche Bewegung aus! Er wurde 88 Jahre alt.

Während wir diese spezielle Übung durchführen, verfolgen wir
mit den Augen einen vollständigen Kreis oder die acht diagonalen
Endpunkte, denn die visuelle Aktivierung setzt auch die entspre-

chenden Teile des Gehirns in Gang, wie Neurobiologen herausgefunden haben; sie hilft dem ganzen Gehirn, seinen Energiekreislauf neu einzustellen.

Sie können sich auch für eine zweite Herz-Integrations-Übung entscheiden. Beide sind ziemlich gleichwertig. (Vielleicht ist die folgende sogar besser.) Wir verweisen auf die Abbildungen 3 bis 6. Wenn Sie hierbei Ihr Gleichgewicht verlieren, dann nicht deshalb, weil diese Übung so schrecklich schwierig ist, sondern weil Sie nicht im Gleichgewicht *sind* – eine heutzutage alltägliche Beschwerde. (Sie können alle unsere Übungen allerdings auch im Liegen durchführen.) Es gibt in diesem Buch noch andere Korrekturen, die Ihnen helfen können, Ihr Gleichgewicht einzustellen. Wenn Sie sich nach einer oder zwei Minuten ärgern, weil Sie nicht üben, ist es vielleicht höchste Zeit, damit anzufangen!

## Die Rochlitz-Herz-Integrations-Übung [5]

1. Beginnen Sie zu summen. (Einige wenige Menschen müssen auch bei dieser Übung zählen. Führen Sie die Übung *zuerst* ganz durch und summen dabei. Wenn es keine Veränderung gibt, fangen Sie nochmal von vorne an und zählen dabei laut.)

2. Dies ist eine Variante der Überkreuz-Bewegung; benutzen Sie einen Arm und das *gegenüberliegende* Bein. Beginnen Sie mit dem rechten Arm wie in Abbildung 3.

3. Halten Sie, so gut es Ihnen bequem möglich ist, den Ellbogen in Schulterhöhe nach außen; Unterarm und Hand bilden dabei einen rechten Winkel zum Oberarm. Hand und Unterarm zeigen zum Boden. Dies ist die Vogelscheuchen-Startposition (Abbildung 3.)

4. Als nächstes drehen Sie den Arm zur gegenüberliegenden Schulter. Rotieren Sie in der Schulter. (Arm und Hand zeigen immer noch zum Boden.)

5. Sobald der Ellbogen die Mittellinie erreicht, schnellen Sie den Unterarm in die Horizontale oder leicht darüber.

6. *Gleichzeitig* mit dem Hochschnellen des rechten Armes heben Sie das linke Knie (Abbildung 4).

**Abbildungen 3-6:** Die Rochlitz Herz-Integrations-Übung.
Oben: Erste Hälfte Startposition, erste Hälfte fertig,
unten: zweite Hälfte Startposition, zweite Hälfte fertig

7. Dann lassen Sie beide wieder herunterfallen; der Arm fällt also wieder zur Seite zurück, während das Bein auf den Boden kommt.

8. Wiederholen Sie die Übung mit dem anderen Arm und dem gegenüberliegenden Bein (Abbildungen 5 und 6). Achten Sie darauf, nicht in den homolateralen Modus (Arm und Bein der gleichen Seite) zu verfallen.

9. Kreisen Sie zusätzlich (nach 30 Sekunden) mit den Augen wie in der ersten Übung. Schauen Sie auf die Endpunkte von Abbildung 2, wenn Sie nicht kreisen können.

Wenn wir diese wunderbare Übung bei Vorträgen oder in Seminaren demonstrieren und alle Teilnehmer dazu bringen, daß sie aufstehen und mitmachen, sagen wir oft: „Nun merken Sie, daß Sie lange leben und sich dabei wohl fühlen können, ohne daß es Sie Arm und Bein kosten muß!"

*Hören Sie nun auf zu lesen. Machen Sie diese einfache Korrektur bitte jetzt. Machen Sie sie, wenn Sie Ihr Leben verlängern und Ihre Gesundheit verbessern möchten.*

Eine geschichtliche Anmerkung: Der Autor hat sich diese Herz-Integrations-Übung eigentlich erstmals 1985 ausgedacht, um seine Herzrhythmusstörungen zu korrigieren. (Das ist sofort gelungen.) Wir haben damals schon vorhergesehen, daß dies funktionieren und unsere Beweglichkeit und Ausdauer erhöhen würde. All das ist eingetroffen. Wenn eine Vorhersage aufgrund einer Hypothese eintrifft, stehen wir am Beginn einer Wissenschaft! Nur etwa ein Jahr später ist uns klar geworden, daß wir entdeckt hatten, warum Dirigenten eine wesentlich höhere als die statistische Lebenserwartung hatten. Dann entdeckten wir die Maestro-Übung. Wir haben diese Übung hier zuerst gezeigt, weil sie für die meisten Menschen einfacher auszuführen ist, obwohl sie vielleicht viel stärker wirksam ist.

Im Jahr 1985 entdeckte der Autor, daß *die beiden Herzhälften „dyslektisch" werden können.* Wir haben den Begriff „*dyslektisches Herz*" [6] für den Zustand geprägt, wenn die Herzhälften nicht richtig zusammenarbeiten, analog zur Dyslexie, bei der die beiden Gehirnhälften nicht richtig zusammenarbeiten (siehe Kapitel 8). Wenn das Herz dyslektisch ist, ist es mit sich selbst und dem Gehirn nicht „synchron". Dieser Zustand zeigt sich vielleicht gar nicht im

EKG (Elektrokardiogramm), so wie sich die Dyslexie nicht im EEG zeigt. (Neuere computerisierte, statistische EEG-Interpretationen zeigen zumindest ein dyslektisches Profil auf [7]. Vielleicht kann eines Tages auch das dyslektische Herz in ähnlicher Weise in einem fortgeschrittenen EKG beobachtet werden.) Manchmal sagen wir, daß unsere einfachen Übungen ein „dyslektisches Herz" *korrigieren* oder *verhüten.* Deshalb nennen wir sie „Herz-Integrations-Übungen".

Noch ein Wort zum Summen oder Zählen. Meistens genügt es, bei diesen speziellen Übungen zu *summen.* Dadurch wird die rechte Hirnhälfte aktiviert. Atmen Sie tief und summen Sie aus tiefster Brust beim „Armjoggen". Manchmal sitzt das Problem aber in der linken Hirnhälfte, dann ist Zählen besser. Sie können aber sogar beide Hirnhälften aktivieren, indem Sie ein Zahlenlied singen, um das Verhalten des Dirigenten nachzuahmen, der beim Dirigieren das Tempo vielleicht durch Mitzählen hält.

Über die Verlängerung der Lebensspanne hinaus, wie sie vielen Dirigenten gegeben ist, bemerken Sie vielleicht noch eine Besserung der folgenden Beschwerden: kalte Hände und Füße, Prellungen, blasser Teint, Blutdruckprobleme (zu niedrig oder zu hoch), Herzrhythmusstörungen, „gefrorene" Gelenke, Krampfadern, Muskel- oder Gelenksteifigkeit oder -schmerzen. Wenn Sie an Herzrhythmusstörungen leiden, die medizinisch nicht begründbar sind, werden diese sich wahrscheinlich bessern, aber Sie sollten wissen, daß (versteckte) Allergien oft die Ursache solcher Beschwerden sind. Dr. Arthur Coca hat den Coca-Pulstest entwickelt, der demonstriert, daß sich die Herzschlagfolge infolge allergischer Reaktionen ändert (sie steigt oft an). Messen Sie Ihren Puls vor und nach dem Essen von verdächtigten Nahrungsmittelallergenen. Essen Sie nichts, von dem Sie wissen, daß es Sie sehr krank macht! Messen Sie Ihren Puls nach dem Essen alle fünf Minuten und notieren Sie alles. Innerhalb von etwa einer Stunde sollten Sie eine Veränderung feststellen. Viele Menschen wissen, daß ihr Herzschlag manchmal aussetzt oder daß „Organverlagerungen" vorliegen.

Manche ganzheitlich orientierten Ärzte behandeln kalte Hände und Füße routinemäßig mit Schilddrüsenmitteln. Manchmal wird nicht entsprechend getestet. Dies muß nicht immer richtig sein, wie wir jetzt wissen!

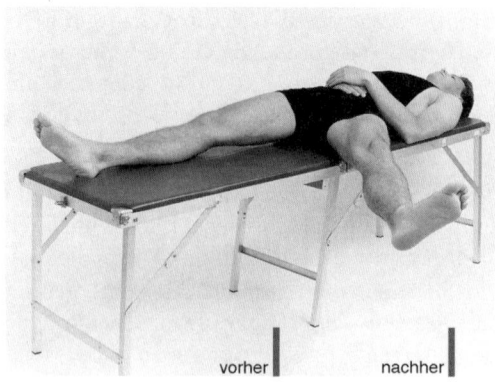

vorher          nachher

**Abbildung 7:**
*Der Bein-Abspreiz-Test*

Wenn Sie diese beiden Herz-Integrations-Übungen gemacht haben,
fühlen Sie sich wahrscheinlich stärker, energiegeladener und klarer.
Doch dies ist ein sehr subtiles Gefühl, *anders* als bei einer Koffein-
Spritze. Diese Übungen sind vielleicht die wichtigste Korrektur für
Patienten mit MS (Multipler Sklerose) und für jeden, dessen *eine*
Seite des Körpers mehr Probleme macht als die andere.

Für die Wirksamkeit dieser Übungen gibt es handfeste Belege.
Wir haben tatsächlich gesehen, wie ein hoher Blutdruck *in wenigen
Minuten* normalisiert oder zumindest abgesenkt werden konnte.
Dies ist insofern bemerkenswert, als jede Übung den Blutdruck eher
erhöht. Wir haben die ausgedruckten Werte als Beweis (siehe letzte
Seite von Kapitel 7 – Über den Blutdruck). Normalerweise wird
auch der niedrige Blutdruck normalisiert (erhöht).

Ein weiterer sichtbarer „Beweis" ist folgender. Hier nutzen wir
die Veränderung beim Abspreizen der Beine. Wenn eine Testperson
auf einem Tisch oder am Boden liegt, markiert man auf dem Boden
den exakten Punkt, bis zu dem das Bein zur Seite abgespreizt werden kann, bevor es weh tut. Das unbewegte Bein muß unbedingt in
der Ausgangsposition gehalten werden (siehe Abbildung 7). Auch
die Stellung von Kopf und Hüfte muß festgehalten werden, um
sicher zu sein, daß Sie die Testperson wieder in die Startposition
zurückbringen können. Liegt die Person auf einem Tisch, markiert
man den Punkt senkrecht unter der großen Zehe. Die Testperson
soll das Bein nehmen, das sich *schlechter* abspreizen läßt. Nachdem
die beiden Herz-Integrations-Übungen durchgeführt wurden, wird
die Beinabspreizung erneut getestet. Man sieht nun, wie weit sich

das Bein nach außen bewegen läßt. Auch dies wird wie zuvor auf dem Boden markiert. Wir haben Veränderungen von ca. 15 bis 90 cm gesehen! (Veränderungen von weniger als 8 cm sind unbedeutend.)

Selbst Personen mit großer Beweglichkeit zeigen eine deutliche Verbesserung. Eine Tänzerin und internationale Choreographin konnte an unserem Seminar für Fortgeschrittene 1987 schließlich ihr Bein so um den Hals legen, wie es in Abbildung 8 zu sehen ist. Der Kurs dachte, Rochlitz habe die Falsche ausgesucht, um die Wirksamkeit der Herz-Integration zu demonstrieren. Diese Frau konnte bereits jedes Bein so weit strecken, daß es senkrecht in die Höhe zeigte! Sie erzählte uns, daß sie ihr Bein bisher noch nie so weit hatte dehnen können, daß sie ihren Fuß über und hinter den Nacken brachte. Nachdem sie die Übung gemacht hatte, sagte Rochlitz: „Jetzt ist Ihr Herz integriert, also versuchen Sie es jetzt." Wir machten gleich ein Sofortbild vom Ergebnis! [8]

Wie war das möglich? Antwort: Wenn sich die für das Abspreizen benötigten Muskeln im Bein besser dehnen lassen, so kann das nur bedeuten, daß sie besser mit Blut versorgt werden. Da wir aber nichts Besonderes mit dieser einen Muskelgruppe gemacht haben, muß dies für den ganzen Körper gelten! Viele spüren, wie ihre Hände innerhalb kürzester Zeit warm werden. Andere fühlen sich auf ihren Stühlen plötzlich wohler oder haben weniger Schmerzen.

**Abbildung 8:**
*Eine Demonstration verbesserter Beweglichkeit (abgebildet ist nicht die im Text erwähnte Person)*

Dies ist nicht unbedingt eine dauerhafte Korrektur. *Wenn* Ernährungsfaktoren eine Rolle spielen – wie in Kapitel 7 beschrieben – und die störenden Nahrungsmittel nicht weggelassen werden, hält diese Korrektur vielleicht nicht lange an. Üben Sie jeden Tag, solange Sie können, genau wie die Dirigenten (die zeitweise stundenlang dirigieren). Da die Übung faktisch keine Nebenwirkungen hat, empfehlen wir Ihnen, sie für den Rest Ihres langen Lebens mindestens zwei Minuten täglich zu machen!

Eine Variante dieser Übungen ist vielleicht aus der ehemaligen Sowjetunion bekannt. Die meisten Truppen marschieren in Überkreuzmanier, mit dem schwingenden Arm entweder geradeaus oder gegen das gegenüberliegende Knie gerichtet. In alten Sowjetfilmen über die Paraden zum 1. Mai kann man diese Truppen marschieren sehen mit nach oben und zur gegenüberliegenden Seite schnellenden Armen, wie wir das bei der Rochlitz-Herz-Integrations-Übung machen. (Natürlich verhindert das Gewehr, daß sich die Gliedmaßen kontralateral bewegen. Und sie beginnen auch nicht aus der optimalen Vogelscheuchenposition).

Ältere Menschen müssen diese Herz-Integrations-Übungen oft machen, um ihre Gesundheit wiederzuerlangen. Wir hoffen darauf, daß Kardiologen und Gerontologen uns über den Einsatz unserer Entdeckungen bei ihren Patienten berichten werden. Diese Herz-Integrations-Übungen sind auch sehr gut vor allen anstrengenden Arbeiten einzusetzen, und einige Leute fühlen das auch.

Beenden wir die Diskussion über die Herz-Integration mit einer anderen Entdeckung. Wir haben festgestellt, daß die Verbindung vom Herzen zum Muskel, die wir in unseren Korrekturübungen nutzen, von vielen Gesellschaften intuitiv erkannt wurde und *Kindern angeboren* zu sein scheint. Wir haben Begrüßungs- und Abschiedszeremonien afrikanischer Stämme gesehen. Bei diesen Tänzen werden Armbewegungen gemacht, die ganz eindeutig die Herzmuskeln mit einbeziehen. Und wie winkt ein Kleinkind zum Abschied? Beobachten Sie es einmal: Ja, vom Herzen aus!

# Kapitel 3

# Aufbruch zu 120 Lebensjahren? – Jenseits des Maestro

Wenn die Rochlitz-Herz-Integrations-Übungen den Hauptfaktor für das lange Leben von Dirigenten nachvollziehen, ist es dann möglich, noch *weiter* zu gehen? Können wir mit unserem Verständnis dieses Phänomens weitere Verbesserungen erzielen, die uns zu noch längerem Leben und weiterem Nutzen für die Funktion von Herz und Gefäßen führen?

Unserer Ansicht nach ist die Antwort ein klares „Ja". Die bahnbrechenden Erkenntnisse des Autors über neurologische Desorganisation, Angewandte Kinesiologie und die Theorie der Akupunktur führten 1987 zur Formulierung der Meta-Integrations-Übungen [9]. Diese Übungen machen sich die simultane Bewegung *aller vier Gliedmaßen* zunutze. Sie sind schwerer auszuführen, leichter zu stören (oder „abzuschalten"), aber noch wirksamer (wenn sie einmal „angeschaltet" sind) als die Herz-Integrations-Übungen mit zwei Gliedmaßen, die wir entwickelt haben.

> *Achtung: Wenn der Leser eine Herz-, Nieren- oder Gefäßerkrankung oder eine Erkrankung der zugehörigen Organe hat, funktionieren diese Methoden vielleicht nicht und Sie sollten zuerst Ihren Arzt aufsuchen. Lassen Sie sich von Ihrem Arzt grünes Licht geben, wenn Sie nicht gewöhnt sind, irgendwelche Übungen zu machen.*

Wir können natürlich noch nicht beweisen, daß man länger lebt, denn diese einzigartige Bewegung wird von unseren Studenten erst seit etwa sechs Jahren durchgeführt. Aber es gibt Möglichkeiten zu zeigen, daß diese Übung noch bessere Resultate bringt als die Herz-Integrations-Übungen mit zwei Gliedmaßen. Eine solche Möglichkeit ist die Nutzung der Beinabspreizung im letzten Kapitel (Abbildung 7). Nachdem Sie die erweiterte Dehnung nach Durchführung

der Herz-Integrations-Übung mit zwei Gliedmaßen markiert
haben, werden Sie zweifellos eine weitere Dehnungsfähigkeit feststellen, wenn Sie die folgende Meta-Maestro-Übung gemacht
haben. Entsprechend den Absichten, die wir in diesem Buch skiz-
zieren, versichern wir, daß die Meta-Maestro-Übung tatsächlich
einen größeren Nutzen bringt als die Korrekturen mit zwei Gliedmaßen. Genauso schnell wie die Korrekturübungen mit zwei Gliedmaßen bringt Ihnen die Meta-Maestro-Übung noch größere Verbesserungen bei der Erhöhung der Lebenserwartung, der
Normalisierung des Blutdrucks, der Erweiterung der Beweglichkeit
und Ausdauer, bei der Überwindung von Müdigkeit und für viele
andere Beschwerden. Sie brauchen, wenn Sie einmal alle Übungen
beherrschen, nur diese letzte, beste durchzuführen, wenn Sie wollen. Sie können sie auch nach Belieben abändern.

Vielleicht wollen Sie sich mit der Maestro-Übung aus dem letzten Kapitel noch einmal vertraut machen. Die folgende, weiterge-
hende, haben wir „Meta-Maestro" genannt, denn „Meta" bedeutet
„jenseits, darüber hinaus", und wir begeben uns über die schon
jahrhundertelange, zweiarmige Bewegung der Dirigenten, die ihnen
zu einem langen Leben verholfen hat, hinaus! Wie zuvor kann auch
diese Übung im Liegen gemacht werden, wenn es problematisch ist,
sie im Stehen durchzuführen. Sie können sie so langsam machen,
wie Sie wollen. Sie wird funktionieren, ohne daß man sich abhetzt.
Zuerst sollten Sie sich aber entspannen.

## Die Meta-Maestro-Übung [10]

1. Beginnen Sie zu summen und behalten Sie das Summen bei.
   (Manche müssen zählen. Führen Sie die Übung zuerst ganz
   unter Summen durch. Wenn Sie keine Besserung spüren oder
   sehen, fangen Sie noch einmal an und zählen dabei laut).

2. Nehmen Sie die Ellbogen hoch und ein wenig nach außen und
   beschreiben Sie mit Ihren Händen (nicht mit Ihren Augen) zwei
   mit dem Rücken zueinander liegende „C".

3. Machen Sie nun die kreisenden Augenbewegungen oder schauen
   Sie auf die diagonalen Endpunkte (wie vorher). Bis dahin ist das
   nur die Maestro-Übung.

4. Bewegen Sie nun ihre Beine zu- und auseinander im Rhythmus Ihrer Hände. Dies ist eine Variante des „Hampelmanns". Beginnen Sie mit den Händen oben und den Füßen zusammen, wie in Abbildung 9. Wenn die Hände nach unten und außen kommen, hüpfen die Füße nach außen, siehe Abbildung 10.

5. Wenn die Hände zurück nach oben gehen und sich zueinander und dann nach außen drehen, hüpfen die Füße wieder zusammen. Zurück zu Abbildung 9.

6. Wiederholen Sie die Schritte 1-5 zwei Minuten lang durchgehend. Nach kurzer Zeit sollte dies flüssig ablaufen und nicht mehr eine holprige Schritt-für-Schritt-Übung sein.

**Abbildungen 9 und 10:** *Die Meta-Maestro-Übung.*

Dies ist die stärkste aller drei Rochlitz-Herz-Integrations-Übungen. Sie ist in der Tat auf einem anderen Niveau. Denn der Einsatz aller vier Gliedmaßen erreicht oder korrigiert die neurologische Desorganisation auf einer höheren Ebene. Vielleicht kann sie Ihnen helfen, die Lebensspanne, für die Sie die biologischen Voraussetzungen mitbringen, voll auszukosten. Dazu werden Ihnen auch die Ernährungsratschläge des nächsten Kapitels nützlich sein.

*Hören Sie nun auf zu lesen! Bitte machen Sie diese einfache Korrektur jetzt! Machen Sie sie, wenn Sie Ihr Leben verlängern und Ihre Gesundheit verbessern möchten.*

# Kapitel 4
# Gesund ernähren und Diät halten
# und 90 Jahre alt werden

Wenn Sie bei körperlicher und geistiger Gesundheit 90 Jahre und älter werden wollen, müssen Sie gewisse Veränderungen in Ihrem Ernährungsplan vornehmen. Sie werden sehen, daß dies mit unserer bahnbrechenden Diät auch möglich ist. Mit verschiedenen gängigen Diätmythen aufzuräumen, ist eines der Ziele dieses Kapitels; ein anderes ist es, klar zu machen, daß die geltende medizinische Lehrmeinung oft auf die falschen Dinge Wert legt.

Es gibt bestimmte Nahrungsmittel, die Sie meiden oder in geringerem Maße essen sollten, wenn es Ihr Ziel ist, lange zu leben. Nur die Herz-Integrations-Übungen durchzuführen und gleichzeitig die falschen Nahrungsmittel zu uns zu nehmen, wird unser Leben nicht verlängern. Die Verbesserungen, die wir mit den Herz-Integrations-Übungen erzielen, werden in der Tat nicht anhalten, wenn wir uns mit schädlichen Nahrungsmitteln vergiften.

Beginnen wir mit dem, was offensichtlich ist: Meiden Sie alle Tabakprodukte! Einige Allergologen haben schon vor Jahrzehnten gezeigt, daß Tabak einen Krampf in den Herzkranzarterien, also den Arterien, die das Herz selbst versorgen, verursacht [11]. Sie verstanden dies als eine Art allergische Reaktion; hinzu kommen die Wirkungen der Gifte Nikotin und Kohlenmonoxid im Rauchtabak. Wegen des Nikotins und der eben erwähnten allergischen Reaktion ist Kautabak genauso lebensbedrohend. Meiden Sie also jede Art von Tabak, Punkt.

Der nächste große und weithin verbreitete Streßfaktor für Herz und Kreislaufsystem ist Koffein. Es ist eines der großen und noch immer nicht ausreichend erkannten Suchtmittel der westlichen Welt. Koffein findet man in Kaffee, Tee, Cola und Schokolade. Es verengt die Blutgefäße und setzt Nebennieren, Bauchspeicheldrüse und Leber unter Streß. Wir haben herausgefunden, daß Koffein für viele Menschen ein größeres Suchtmittel ist als Nikotin! Zwar hat Coca Cola® vor hundert Jahren seinen Namen dadurch bekommen, daß es geringe Mengen eines anderen großen, süchtig machenden Herzstressors enthielt – Kokain. Aber Koffein macht wahrscheinlich noch süchtiger! Unsere Gesellschaft bestätigt das. Wie viele Menschen kennen Sie, die ohne die tägliche Ration Kaffee, Tee oder Cola auskommen können? Viele Menschen kommen nicht vom Nikotin los, wenn sie nicht *zuerst* von Koffein loskommen. Eine Person, die angeblich morgens ohne Koffein nicht in die Gänge kommt, ist abhängig und braucht den *nächsten Schuß*, um über den Entzug – *das Ergebnis des letzten Schusses* – hinwegzukommen! Das ist das *Allergie-/Sucht-Syndrom*. Menschen, die es jemals eine Woche ohne Koffein aushalten, geben an, daß sie den Tag über auf einem viel höheren und *beständigeren* Energieniveau sind, ohne das Auf und Ab des Energieniveaus (und der Stimmung), ohne die Schläfrigkeit am Nachmittag durch den koffeinbedingten niedrigen Blutzuckerspiegel (Hypoglykämie). Es treten weniger Ängste, Phobien und Nervosität auf als bei Koffeinkonsumenten. Ein großer Prozentsatz der westlichen Gesellschaft ist koffeinabhängig. Traurig genug: es gibt sogar Babys, die mit Colaflaschen entwöhnt wurden. So fängt ein Leben in Sucht und Elend an.

Wir sind sicher, daß Sie von *einer* Eigenschaft koffeinierter Substanzen noch nicht einmal gehört haben. Durch die Kenntnis der Angewandten Kinesiologie und der Meridiane haben wir entdeckt, daß Koffein die Meridiane, die das Herz und/oder die Nebennieren mit Energie versorgen, „einfrieren" kann. Wenn Sie jung sind, hat dies die Wirkung, daß Sie ständig überenergetisiert sind. Die meiste Zeit fühlen Sie sich wahrscheinlich nervös. Wenn eine empfindliche Person älter wird, können diese Meridiane und Organe in einem *unterenergetisierten Zustand* „eingefroren" werden. Sie leiden dann unter häufiger oder chronischer Müdigkeit. Ein erfahrener Kinesiologe muß dann womöglich diese Meridiane „auftauen". Aber auch unsere speziellen Übungen können genau das erreichen. Ist Ihr Koffeinentzug sehr schlimm, so bedeutet dies, daß Koffein ein schweres Allergen oder Gift für Ihren Körper war.

„Entkoffeinierter" Kaffee oder Tee ist aus mindestens zwei Gründen immer noch gefährlich. Erstens bleiben mehrere Prozent Koffein drin und Koffein ist, wie gesagt, selbst in kleinen Mengen ein sehr verbreitetes Allergen. Zweitens werden zum Entkoffeinieren oft giftige, krebsauslösende Substanzen eingesetzt, wenn nicht Wasser (Dampf) verwendet wird

Lernen Sie, wenn Sie lange leben wollen, in erster Linie, reines Wasser zu trinken. Viele Leute werden über diesen Vorschlag spotten, da ihr Leitungswasser so schlecht schmeckt (nach Chlor, Fluor, etc.), daß sie glauben, Wasser müsse so schmecken. Versuchen Sie zunächst Quellwasser in Flaschen. Wenn Sie den Unterschied schmecken, schaffen Sie sich einen guten Wasserfilter an. Einige gute Filter haben ein Umkehrosmoseelement oder einen Aktivkohleblock. Bereiten Sie alle Ihre Getränke, Kräutertees und Suppen mit reinem Wasser zu. Alles schmeckt besser und Sie sind gesünder. Sie können Kräutertees anstelle des koffeinhaltigen Schwarztees trinken. Naturkostläden und jetzt sogar Supermärkte führen eine breite Palette von Kräutertees. Probieren Sie alle aus. Achten Sie auf die Worte „Ohne Koffein" – „entkoffeiniert" ist *nicht* ausreichend (siehe oben). Und trinken Sie nicht Ihr ganzes Wasser als Sprudel, wie das manche Leute machen. Zu viel Sprudel kann Sie übersäuern und der übermäßige Druck im Magen kann bei manchen Menschen Probleme verursachen.

Die nächste Nahrungsmittelklasse, die Sie zum Wohle Ihrer Gesundheit und eines langen Lebens meiden sollten, sind Milchprodukte. Milchprodukte, einschließlich Milch, Käse, Yoghurt und Butter sind (in gut unterrichteten Kreisen) seit langem in Verruf geraten, weil sie Magen/Darm- und Kreislaufbeschwerden verursachen. In neuerer Zeit haben Studien gezeigt, daß sie für die Bauchspeicheldrüse giftig sein und zu Diabetes führen können [12].

Einfach ausgedrückt: pasteurisierte, homogenisierte Kuhmilchprodukte gehören zu den bedenklichsten Nahrungsmitteln, die man zu sich nehmen kann. Lassen Sie sich nicht von der Auffassung irreführen, Milch sei eine „natürliche" Substanz und müsse daher gut sein. Für den Menschen ist es *unnatürlich*, diese Milchprodukte zu sich zu nehmen! In der Natur nimmt ein Säugetier *nur* die Milch seiner Mutter und *nur* in der Kindheit. Ob etwas von einer Maschine kommt oder nicht, ist für die Definition von „unnatürlich" nicht von Belang! Die Proteine (Kasein, Laktalbumin, Molke), die auch in Rohmilch vorkommen, können giftig und allergen sein. Die Schimmelpilze in Milch und Käse können gesundheitliche Probleme verursachen. Diese Schimmelpilze sind eine Hauptursache für hohen Blutdruck, wie wir im Kapitel über Bluthochdruck sehen werden. Die meisten Erwachsenen entwickeln möglicherweise eine Intoleranz gegenüber dem in der Milch vorkommenden Zucker – Laktose und Galaktose. Eine Laktoseintoleranz kann aufgrund einer Milchallergie bestehen.

Durch den Homogenisierungs- und Pasteurisierungsprozeß entsteht, so wird behauptet, auch das Enzym Xanthinoxidase. In großen Mengen ist diese Substanz für die Blutgefäße Gift und verursacht Herz-Kreislauf-Erkrankungen. Autopsien an 18-jährigen, in Vietnam gefallenen Amerikanern ergaben, daß sie die Blutgefäße von 80-jährigen hatten. Als Ursache wird Xanthinoxidase vermutet. In Europa werden rohe Ziegenmilchprodukte mit besseren Ergebnissen verwendet, obwohl darin noch Laktose, Schimmelpilze und ähnliche Proteine wie in der Kuhmilch enthalten sind. Handelsübliche Milchprodukte sind auch eine sehr schlechte Calciumquelle. Rohmilch enthält ein Enzym, welches das Calcium vom Phosphor, an den es gebunden ist, abspaltet. Durch das Pasteurisieren wird dieses Enzym zerstört; deshalb können Menschen das Calcium in der Milch nicht nutzen. Schenken Sie Ernährungs-„Neuigkeiten", die vielleicht durch einen Zuschuß der milchverarbeitenden Industrie gesponsert worden sind, keinen Glauben! Fettfreie Milch ist meist nicht harmloser, da sie immer noch toxische oder allergene Proteine und unverdauliche Zucker enthält. Der schlimmste Bösewicht in der Milch ist nicht das Fett.

Es ist nie zu früh, mit dem Streben nach einem langen Leben zu beginnen. Helfen Sie Ihren Kindern (oder Enkelkindern), indem Sie dafür sorgen, daß sie Muttermilch bekommen! Sie ist für Säuglinge mit Sicherheit am besten. Es gibt allerdings einen Einwand: Das Baby kann darunter leiden, daß die Mutter die Nahrungsmittel nicht meidet, gegen die sie allergisch ist! Unverdaute allergene Proteine können in ihre Milch übergehen und damit dem Säugling schaden.

Milch ist alkalisch oder basisch – das Gegenteil von sauer. Basisches neutralisiert Saures – wie in einem Magen mit Geschwüren. Dies war der Grund für Gastroenterologen, ihre Patienten mit Magengeschwüren auf eine Milchdiät zu setzen. Die meisten wissen es jetzt besser. Vom Magen her kommende allergische Reaktionen

führen zur Freisetzung von Histamin und nachfolgend von Säure.
Da aber Milch alkalisch ist, kann sie – *zeitweise* – ihre eigene Säure-
freisetzung neutralisieren. Stunden später kann sich jedoch noch
immer ein saurer Magen einstellen. Wir sagen oft: „Zeige mir eine
Person, die mit einem sauren Magen aufwacht, und ich zeige dir, daß
sie am Abend vorher vom Milchtrinken ‚high‘ wurde."

Wenn nun ein Nahrungsmittel wie Milch eine Störung oder Entzündung im Magen-Darm-Trakt oder in der Bauchspeicheldrüse
verursacht, werden seine Nährstoffe nicht gut verwertet. Diese
Störung kann die Verwertungsfähigkeit für andere Nahrungsmittel
*tagelang* vermindern. Daher *hat der allergene Charakter eines Nahrungsmittels Priorität gegenüber seinem theoretischen Nährwert.*
Störungen im Magen-Darm-Bereich durch den Konsum allergener
Nahrungsmittel oder zu großer Mengen von Nahrungsmitteln ist
eine wesentliche Ursache für Verdauungsschwächen in wohlhaben-
den oder zivilisierten (?) Gesellschaften.

Zucker (Saccharose) ist ein weiteres Nahrungsmittel, das man
meiden sollte. Im Gegensatz zur medizinischen Lehrmeinung gibt
es Beweise dafür, daß Speisezucker und Milchprodukte und *nicht
das Nahrungscholesterin* der Grund für die Cholesterinbildung in
den Arterien sind. Um dies zu verstehen, müssen wir uns erst mit
dem Cholesterin beschäftigen. Trotz seines schlechten Rufes dient
es dazu, die Blutgefäße zu ummanteln, damit das Fließen des Blutes
erleichtert wird. Der Körper selbst produziert mehr Cholesterin, als
je irgend jemand zu sich nehmen kann! Daher ist eindeutig nicht das
Cholesterin in der Nahrung schuld, wenn der Cholesterinstoff-
wechsel nicht stimmt und es zu Anlagerungen an den Wänden der
Blutgefäße kommt. Wir werden den Beweis für diese Behauptung
im nächsten Kapitel weiterführen, wenn wir von der stark choleste-
rinhaltigen Ernährung (Tran) der Eskimos sprechen, bei denen
bemerkenswert wenig Herz-Kreislauf-Erkrankungen auftreten.

*Milchprodukte* und *Zucker* sind die beiden wesentlichen
Ernährungsfaktoren, die zur Fehlverwertung des Cholesterins im
Körper führen, das sich dann in den Arterien abzulagern beginnt.
Wenn Sie ein Süßungsmittel verwenden müssen, versuchen Sie es
mit Ahornsirup, Reissirup oder Honig. Lassen Sie Kuchen, Limo-
nade, Plätzchen und Eiskrem mit einem zu hohen Zuckeranteil weg.
Geben Sie es zu, wenn Sie zuckersüchtig sind. Lernen Sie, in bezug

auf ihre Abhängigkeiten sich selbst gegenüber ehrlich zu sein. Dies ist der erste Schritt dazu, davon loszukommen. Wenn ein Zucker-süchtiger sagt: „Ich kann das Eis mit Reissirup, Honig oder Frucht-saft aus dem Naturkostladen nicht essen. *Es muß Zucker sein*", dann liegt wieder das Allergie-/Sucht-Syndrom vor. Ihre Lieblingsnah-rungsmittel sind diejenigen, gegen die Sie wirklich allergisch und auf die Sie süchtig sind.

Einige Nahrungsmittel enthalten eine Klasse von Chemikalien namens Monoamine [14]. Sie sind vasoaktiv, d.h. sie beeinträchtigen den Durchmesser der Blutgefäße. (Wir glauben, daß dies alle aller-genen Nahrungsmittel können.) Monoamine sind in Käse, Wein, allen fermentierten Lebensmitteln, Kaffee, Schokolade, Zitrusfrüch-ten, Bohnen und Bananen enthalten. Wenn Sie Nahrungsmittel mit Monoaminen vermeiden, kann dies innerhalb von Tagen nach der Umstellung der Ernährung zur Normalisierung von hohem Blut-druck führen! (Die Monoamine werden in Kapitel 7 noch weiter besprochen.)

Zurück zum Cholesterin: Wenn Sie Nahrungsmittel mit hohem Cholesteringehalt essen, kann dadurch tatsächlich die Cholesterina-blagerung in Ihren Arterien verschlechtert werden. Rote Fleisch-sorten sind hier am schlimmsten. Aber Fleisch ist auch in anderer Hinsicht bedenklich. Die meisten amerikanischen Standardfleisch-sorten sind belastet mit künstlichen (und potentiell kanzerogenen) Hormonen, Antibiotika, Tranquilizern und anderen giftigen Che-mikalien. Am besten ist Fleisch aus biologischer Haltung.

Meiden Sie alkoholische Getränke, wenn Sie Ihr Leben verlän-gern und Ihr Kreislaufsystem gesund erhalten wollen. Ignorieren Sie „Forschungen", die behaupten, daß das tägliche Glas Wein gut für Sie sei. Alkoholische Getränke sind nach Untersuchungen unab-hängiger Forscher belastet mit Schimmel, Monoaminen, Sulfiten, Acetaldehyden (dem Formaldehyd ähnlich, aber giftiger) und ande-ren kreislaufschädlichen Stoffen.

Versuchen Sie, Essen aus der Mikrowelle, Nüsse und ranziges Saatgut sowie Nahrung, die in erhitzten Ölen zubereitet wurde, zu meiden. All diese Nahrungsmittel enthalten *freie Radikale* oder oxi-dierte Substanzen. Backen oder braten Sie mit ganz wenig oder ohne Öl. Freie Radikale sind *äußerst reaktionsfähige* Substanzen. Sie haben ein freies Elektron und suchen, entsprechend den physikalischen Gesetzen, dringend ein zweites; so lagern sie sich überall an. Das freie Radikale kann jedes Molekül oder jede Zelle, an die es sich anlagert, zerstören. Schäden durch freie Radikale sind seit einiger Zeit als Teil der Theorie des Alterns bekannt. Die gefährlichen Lipidsuperoxidradikale befinden sich in allen erhitzten oder ranzigen Ölen und in anderen Stoffen. Viele Nüsse und Körner sind, wenn Sie sie kaufen, zum Teil schon ranzig und somit voll von freien Radikalen. Das Kapitel über die Ernährungsergänzungsvorschläge enthält eine Liste von Nährstoffen – Antioxidantien –, welche die freien Radikale bekämpfen helfen. Aber nichts ist besser als die Vorsorge; versuchen Sie, solche Nahrungsmittel zu meiden. Wenn Sie die Geschwindigkeit eines Mikrowellenherdes ohne dessen Produktion von gefährlichen freien Radikalen haben wollen, kaufen Sie einen Konvektionsherd oder einen der neuen tragbaren elektrischen Glaskocher, die mit hoher Geschwindigkeit Luft um das gesamte Kochgut bewegen. Sie sind in der Zubereitung so schnell wie Mikrowellenherde, ohne daß freie Radikale entstehen. Nach unseren Erfahrungen schmeckt Essen aus diesen Geräten außerdem ausgezeichnet.

Meiden Sie desgleichen Margarine, da ihre *gehärteten Öle* ähnlich gefährliche und den Alterungsprozeß fördernde Eigenschaften haben wie die oben erwähnten erhitzten Öle. Hier liegt ein weiteres Beispiel dafür vor, wie eine Sache mit schlechtem Ruf (Butter) – ein bißchen zu Recht – durch etwas noch Schlechteres ersetzt wird.

Meiden Sie den Genuß von Hühnchen, wenn sie nicht aus absolut biologischer Haltung stammen und damit frei von Hormonen, Antibiotika und anderen Chemikalien sind. Wenn man Ihnen empfohlen hat, rotes Fleisch zu meiden, essen Sie vielleicht im Augenblick viel Huhn. Aber die Pionierin der Krebsforschung, Dr. Virginia Livingston Wheeler, zeigte auf, daß Huhn einen Mikroorganismus, den *Progenitor cryptocides*, enthält. Sie wies nach, daß dieser Mikroorganismus Krebs verursacht [15]. (Sie verdient den Nobelpreis für ihre Arbeit.) Truthahn enthält diesen gefährlichen Mikroorganismus offensichtlich nicht.

Krebs zu vermeiden ist eines der Ziele dieses Buches, aber auch eines jeden Menschen, der ein langes und gesundes Leben führen will. Durch das Meiden von Hühnerfleisch und von Nahrungsmitteln mit freien Radikalen, durch den Konsum von Nahrungsmitteln mit einem hohen Anteil an Ballaststoffen und die Einnahme von Antioxidantien als Nahrungszusätze, wie sie im nächsten Kapitel aufgelistet sind, führt der Weg schon ein großes Stück in Richtung der Verhütung von Krebs – der zweithäufigsten Todesursache in der westlichen Welt.

Beginnen Sie, biologische Produkte zu kaufen. Pestizide sind weitaus gefährlicher, als die chemische Industrie zugeben will. Die meisten sind Nervengifte für Insekten. Eine menschliche Nervenzelle ist aber derjenigen eines Insektes sehr ähnlich. Seit fast zehn Jahren erscheinen Forschungsergebnisse in den wissenschaftlichen Zeitschriften, die aufzeigen, daß Pestizide die Ursache für die meisten degenerativen neurologischen Erkrankungen sein können, Parkinson und Alzheimer eingeschlossen [16]. Zweck dieses Buches ist es nicht nur, Ihnen eine Möglichkeit an die Hand zu geben, wie Sie Ihre Chancen auf ein langes Leben verbessern können, sondern auch, Sie mit großer geistiger und körperlicher Gesundheit und mit Wohlbefinden an jedem Tag Ihres Lebens auszustatten. Naturkostläden, einige lokale Verkaufsstände auf dem Land und sogar einige Supermärkte verkaufen biologisch angebautes Obst und Gemüse. Das schmeckt auch besser!

Verarbeitete Nahrungsmittel enthalten viele Pestizide sowie künstliche Farb- und Geschmacksstoffe, Konservierungsmittel und Süßungsmittel. Viele dieser künstlichen Zutaten sind nur in den USA erlaubt. Frankreich gestattet den Zusatz von nur ca. einem Dutzend dieser Stoffe in seinen Lebensmitteln, während in den USA über 5000 erlaubt sind. Wir sind fest davon überzeugt, daß eines Tages alle künstlichen Pestizide verboten werden, aber auch viele dieser künstlichen Zutaten werden nicht mehr erlaubt sein.

Es ist sehr wahrscheinlich, daß auch der Süßstoff Aspartame verboten wird. Er hat eine dramatische Wirkung auf das Gedächtnis und andere neurologische Funktionen [17]. Meiden Sie ihn, wenn Sie bis in ihre 90er Jahre ein funktionierendes Gedächtnis haben wollen!

Natriumglutamat beeinträchtigt viele empfindliche Menschen ebenfalls. Kopfschmerzen, Asthma und Herz-Kreislauf-Krisen gehören zu seinen vielen möglichen Symptomen. Wenn Sie auswärts essen, achten Sie darauf, daß in der Küche absolut kein Natriumglutamat verwendet wird. Wir haben festgestellt, daß viele Küchen

– nicht nur die chinesische – Natriumglutamat verwenden. Sehen Sie sich vor! Wenn Sie auswärts essen, kann es natürlich auch passieren, daß der Koch erhitzte Öle (zum Frittieren und Grillen) oder eine Mikrowelle verwendet. In Nahrungsmitteln, die auf einem Grill oder am Spieß gebraten wurden, wurden auch einige krebsauslösende Stoffe gefunden. Die Einnahme hoher Dosen von Vitamin C und A kann diese jedoch neutralisieren.

Wenn Sie oder die älteren Angehörigen Ihrer Familie unter Arthritis leiden, versuchen Sie, Nachtschattengewächse zu meiden, zu denen Tomaten (und Tomatensauce), Kartoffeln, Auberginen, Pfeffer und Tabak gehören. Tomaten sind hier der größte Risikofaktor. In der griechischen medizinischen Literatur hieß es, daß Tomaten ein Gift seien, und die westliche Welt folgte dieser Auffassung beinahe zwei Jahrtausende. Nun leiden viele unserer älteren Mitbürger an Arthritis! Andere Nahrungsmittel können, wenn Sie dagegen allergisch sind, ebenfalls Arthritis verursachen. Dazu gehören wahrscheinlich Zitrusfrüchte, Milchprodukte und Weizen. Lassen Sie einen individuellen Allergietest machen, wenn Sie Arthritis haben, oder versuchen Sie es damit, für eine bestimmte Zeit jeweils ein Nahrungsmittel wegzulassen, und führen Sie ein Essenstagebuch. Notieren Sie Nahrungsmittel, Symptome und Zeiten; Sie werden wahrscheinlich alle Ihre Allergene finden.

Niemand kann sich natürlich hundertprozentig an alle diese Ratschläge halten. Benutzen Sie sie einfach als Leitfaden und machen Sie das Beste daraus. Unwissenheit ist kein Spaß, wenn es um Ihre Gesundheit und ein langes Leben geht.

Essen Sie viel frisches, vorzugsweise biologisches Gemüse und Obst. Wenn Sie Probleme mit dem Blutzucker oder viele Allergien haben oder den Candida-Hefepilz (siehe Anhang A), müssen Sie vielleicht mit dem Obst vorsichtig sein. Wenn Sie Fisch essen, achten Sie darauf, daß er aus unverschmutzten Gewässern kommt. Der Schellfisch lebt entlang der Küste, wo viel Unrat abgeladen wird, und sollte am besten nur selten gegessen werden. Süßwasserfisch aus unverschmutzten Seen kann für Sie gut sein. Meiden Sie Fisch aus Gewässern, in denen hohe Konzentrationen von PCB, Quecksilber oder anderen giftigen Schwermetallen gefunden wurden. Achten Sie in Ihren lokalen und nationalen Medien auf entsprechende Informationen.

Essen Sie bei jeder Mahlzeit Nahrungsmittel mit hohem Ballast-
stoffanteil. Reis und Hirse sind in der Regel die am besten verträg-
lichen Getreide. Weizen und Mais werden meist am schlechtesten
vertragen. Hafer, Roggen und Gerste liegen dazwischen. Essen Sie
alles, was Sie vertragen, wie Bohnen und Wurzelgemüse. Essen Sie
nicht jeden Tag die gleichen Nahrungsmittel. Diese wären wahrscheinlich Ihre Allergene bzw. diejenigen Nahrungsmittel, auf die
Sie süchtig sind! Machen Sie einen langen und langsamen Spazier-
gang durch Ihren Supermarkt oder Naturkostladen. Entdecken und
kaufen Sie einige neue Nahrungsmittel und freuen Sie sich daran.

## Essenstips

Ja, Essen kann und sollte noch immer Spaß machen! Die folgenden
Tips beginnen damit, daß wir einige der „selbstverständlichen"
Dinge wiederholen:

- Meiden Sie allergene Nahrungsmittel.

- Vermeiden Sie es, verträgliche Nahrungsmittel zu häufig zu
  essen, da diese dann *allergen werden können.*

- Essen Sie nicht unter physischem oder emotionalem Streß.

- Essen Sie in einer ökologisch gesunden Umgebung.

- Sorgen Sie für gute Luft, Beleuchtung, (klassische) Musik,
  Freunde und andere angenehme Bedingungen in Ihrer Umgebung.

- Sie können kurz nach dem Üben essen, da dies oft Reaktionen
  verhindert, außer Sie sind in einer stressigen Übungsaufbau-
  phase.

- Überessen Sie sich nicht, wie dies viele Menschen tun. Ca. 120
  bis 170 g Eiweiß täglich sollte für die meisten Erwachsenen ausreichend sein. Übermäßiges Essen kann Ihre Entgiftungsorgane
  (z.B. Ihre Nieren) unter Streß bringen und faktisch zu Fehl-
  ernährung führen.

- Versuchen Sie einmal, ob Ihnen vegetarische Ernährung bekommt. Manche Menschen kommen gut damit zurecht, aber durch Allergien und erblich bedingte Unverträglichkeiten (wie bei einigen Leuten in Bezug auf Bohnen) paßt sie vielleicht nicht für jedermann.

- Reduzieren Sie Fleisch, da viele Fleischesser einen zu hohen Prozentsatz an Kalorien in Form von Protein und Fett zu sich nehmen. Ihre Nieren, die Gallenblase und andere Organe können unter Streß kommen, wenn Sie zu viel Fleisch essen.

- Versuchen Sie, die meisten Kalorien über komplexe Kohlehydrate (stärkehaltige Nahrungsmittel) abzudecken, die Sie problemlos essen können.

- Wenn Sie einen verminderten Blutzuckergehalt (Hypoglykämie) haben (was sich von selbst korrigieren kann, wenn Sie diesem Buch folgen), nehmen Sie häufige kleine Mahlzeiten ein. Das bedeutet auch für das Verdauungssystem weniger Streß.

- Trinken Sie nicht zum Essen, weil dadurch die Verdauungsenzyme verdünnt werden.

- Trinken Sie viel gutes Wasser, bis 45 Minuten vor und ab einer Stunde nach dem Essen. Trinken Sie täglich acht Gläser reines Wasser.

- Seien Sie ständig auf der Hut vor neuen Süchten.

- Kauen Sie sehr gut.

- Meiden Sie rohes oder zu wenig gekochtes Fleisch und ebensolchen Fisch. Hier sind Bakterien und Parasiten eine Gefahr.

- Meiden Sie geschnittenes Fleisch, da dieses eine große Oberfläche hat und Bakterien und Mikroorganismen eine Angriffsfläche bietet.

- Essen Sie nicht übermäßig viel Salz. Obwohl es nicht direkt ein Allergen ist, kann es zu Ödemen und Wassermangel führen und ist sogar mit Krebs in Verbindung gebracht worden. Die Sucht nach Salz kann ein Zeichen für eine Nebennierenerschöpfung sein.

- Kochen und servieren Sie Essen nur in Glas, Porzellan, Gußeisen und rostfreiem Stahl.

- Prägen Sie sich die Richtlinien zur Nahrungsmittelkombination ein und behalten Sie diese bei (siehe Abbildung 11).

---

- *Nicht stärkehaltige und grüne Gemüse* passen zu allem; dazu gehören: grüne Blattgemüse, Kohl, Kopfsalat, Sellerie, usw.

- *Stärkehaltige Gemüse* – mit grünem Salat, nicht mit Eiweiß oder Obst; dazu gehören: Kartoffeln, Mais, Kürbis, Kokosnuß, Artischocke, Karotte.

- *Proteine* – mit Salat, nicht mit Stärke oder Obst; dazu gehören: Fleisch, Rosenkohl, Bohnen, Nüsse, Saat, Körner.

- *Melonen* – allein, meiden bei Candida.

- *Säuerliches Obst* – nur mit sauren oder süßen Früchten; dazu gehören: Papaya, Mango, Apfel, Birne, Kirsche, Beeren, Grapefruit, Pfirsich.

- *Saures Obst* – nur mit säuerlichem Obst

---

**Abbildung 11:** *Richtlinien zur Nahrungsmittelkombination*

Mit dem Alter läßt die Funktion unserer Verdauungsorgane nach. Das Kombinieren von Nahrungsmitteln wird zunehmend wichtiger. Prinzipiell sollte Obst allein gegessen werden. Dasselbe gilt für schwerverdauliches Protein und fette Nahrungsmittel. Sie sollten mit einigen komplexen Kohlehydraten in einer Mahlzeit zurechtkommen. Probieren sie es aus, es geht nicht immer. Grünes Gemüse können Sie zu fast allem essen. Bereiten Sie, wenn Sie nicht zu Hause sind, verträgliche Nahrungsmittel *im voraus* zu. Vermeiden Sie ausufernde Gelage. Aber verachten  Sie sich nicht dafür, wenn Sie einem erlegen sind, gehen Sie einfach wieder zurück auf die richtige Spur. Natürlich kann sich kein Mensch hundertprozentig an alle diese Ernährungsrichtlinien halten. Machen Sie es, so gut Sie können.

## Zusammenstellung der Nahrungs- und Genußmittel, die Sie meiden sollten, wenn Sie lange leben wollen

- Tabak

- Koffein

- Milchprodukte

- Zucker

- Nahrungsmittel, die Monoamine enthalten

- übermäßig viel Fleisch

- rohes oder zu wenig gekochtes Fleisch

- alkoholische Getränke

- Essen aus der Mikrowelle

- Nahrungsmittel, die in erhitzten Ölen zubereitet wurden

- ranzige Nüsse und Samen

- Hühner aus nicht-biologischer Haltung

- Margarine

- Nahrungsmittel mit Pestiziden

- Nahrungsmittel mit künstlichen Farben, Geschmacksstoffen und Konservierungsmitteln

- Natriumglutamat

- Nachtschattengewächse (Tomaten, Kartoffeln, Auberginen, Pfeffer), wenn Sie Arthritis haben

- Aspartame (der künstliche Süßstoff)

# Zusammenstellung empfehlenswerter Nahrungs-mittel

- Gemüse

- Obst (nach individuellem Geschmack)

- Getreide (Reis, Hirse sind oft am besten, Hafer kann gut sein – hoher Anteil an Ballaststoffen)

- Fisch

- Truthahn

- und viele Nahrungsmittel, die in der obigen Liste nicht verboten wurden.

# Kapitel 5

# Nahrungsergänzungen, damit Sie 90 Jahre alt werden können

Wenn wir 90 Jahre und älter werden wollen, werden wir wahr-scheinlich verschiedene Nährstoffe zu uns nehmen müssen, damit wir dieses Ziel erreichen können. Das Kreislaufsystem braucht große Mengen an Nährstoffen, um richtig zu funktionieren. Im Gegensatz zur herrschenden medizinischen Lehre enthält Ihr Er-nährungsplan wahrscheinlich *nicht* genügend von diesen Nährstof-fen! Untersuchen wir einige der Gründe, warum Ergänzungen für ein Optimum an Wohlbefinden und für eine Verlängerung des Lebens oft nötig sind.

Ein Nährstoffmangel kann die Wurzel eines behandlungsbedürf-tigen Zustandes oder einer „sub-klinischen" Beschwerde sein. Des-halb ist Wohlbefinden ohne Nahrungsergänzungen nicht zu er-reichen. Es wurde auch schon nachgewiesen, daß emotionaler und physischer Streß Nährstoffe verbraucht. Den meisten Nah-rungsmitteln, die wir zu uns nehmen, fehlen aus folgenden Gründen viele Nährstoffe: Mißbrauch und Ausbeutung des Bodens, Ein-satz von Düngemitteln und Pestiziden, Tiefkühltechnik, Weiter-verarbeitung und Konservierung von Nahrungsmitteln in Dosen, Verluste durch den Transport und Verluste durch die Zubereitung. Wie viele Menschen essen nur biologische, frisch geerntete Nah-rungsmittel, wie die Natur es eigentlich vorsieht? Aber auch in Böden, auf denen solche Nahrungsmittel wachsen, sind gewisse ent-scheidende Spurenelemente, wie das krebsbekämpfende Selen, kaum noch vorhanden. Es wird behauptet, daß Nahrungsergänzun-gen nur zu teurem Urin führen und daher Verschwendung seien. Wer würde aber je behaupten, es sei Verschwendung, für sein Haus Versicherungsprämien zu bezahlen, nur weil es noch nicht abge-brannt ist?

Dieses Buch ist besonders dafür geeignet, einige Nahrungser-
gänzungsmittel zu besprechen. Diese speziellen Mikronährstoffe
können die Funktion unseres Herz-Kreislauf-Systems wesentlich
verbessern.

## Nährstoffe für Herz und Kreislauf

Vitamine:

- Vitamin E

- Vitamin C

- Vitamin P (Bioflavonoide)

- Vitamin $B_3$

- Vitamin $B_6$

- Fischöl-Max-EPA® (Vitamin F)

Mineralien:

- Magnesium

- Kalium

- Selen

- Silizium

Aminosäuren:

- Carnitin

- Taurin

Andere Nährstoffe:

- Lecithin

- Coenzym Q10

- Mucopolysaccharide

Schauen wir uns an, warum unser Herz diese Nährstoffe braucht,
wenn wir 90 Jahre und älter werden wollen.

Im Jahre 1993 haben die großen Medien die erstaunlichen Eigenschaften von *Vitamin E* aufgedeckt. Dr. Wilfred und Evan Shute aus Kanada haben diese Dinge schon vor 30 Jahren bewiesen, als sich die etablierte pharmazeutische und medizinische Welt noch weigerte anzuerkennen, daß Vitamin E ein Vitamin ist. Vitamin E hilft, Herzkrankheiten einschließlich Herzanfällen vorzubeugen und ist ein wirksames Antioxidans, insbesondere gegen freie Radikale von Fetten (wie Lipidsuperoxide). Dieses Vitamin kann dazu beitragen, das Blut von Kohlenmonoxid zu befreien. Es paßt gut zu Selen und sollte nicht zusammen mit Eisen genommen werden. Vitamin E kommt in *frischem* Vollkorn, in Pflanzenölen, Nüssen, Samen und Sojabohnen vor. Wir haben weiter oben erwähnt, daß stark ölhaltige Nahrungsmittel oft schon ranzig sind, wenn sie verkauft und gegessen werden. Das Vitamin E in diesen Nahrungsmitteln, das vor dem Ranzigwerden schützen kann, kann *selbst* ranzig werden, wenn die Nahrungsmittel nicht frisch, vollwertig und roh sind. So kann es entscheidend sein, daß die Nahrungsergänzungen von einem namhaften Hersteller solcher Ergänzungen bezogen werden. Mißtrauen Sie Firmen, die sich auf den Etiketten als „Händler" und nicht als „Hersteller" bezeichnen. Wenn Sie ein daher stammendes Vitamin zu sich nehmen, können schon Jahre seit seiner Herstellung vergangen sein.

Die empfohlene Tagesdosis für Vitamin E sind ca. 15 IE (Internationale Einheiten) für Erwachsene. Die meisten medizinischen Ernährungsfachleute empfehlen heute aber mindestens 100 IE täglich, mit allmählicher Steigerung bis auf 400 IE pro Tag. In den Nahrungsergänzungen wird natürliches Vitamin E aus Weizen und Soja oder synthetisch hergestelltes verwendet.

*Vitamin C* kann die Plaque von unseren Arterienwänden entfernen. Außerdem ist es wichtig für die Stärke der Kapillaren und die Bildung der roten Blutkörperchen. Im Abschnitt über die Antioxidantien später in diesem Kapitel werden wir noch mehr über das Vitamin C sagen müssen. Vitamin P (die Bioflavonoide) arbeitet, ebenfalls für die Stärke der Kapillaren, mit Vitamin C zusammen. Auch darüber mehr später in diesem Kapitel.

Das Niacin des *Vitamins B₃* hat starke, cholesterinsenkende Wirkung und wird selbst von Schulmedizinern verwendet. Es kann „fliegende Hitze" verursachen, wenn Sie eine große Menge, sagen wir mehr als 100 mg, davon nehmen. Dann werden Gelenke und andere Körperregionen rot und heiß, weil sich die Blutgefäße durch das Niacin erweitern. Wenn Sie viel Wasser trinken, können Sie diesen Effekt schnell beseitigen. Sie können aber auch weniger nehmen. Depotformen werden ebenfalls von Ärzten und Ernährungsspezialisten empfohlen.

*Vitamin B*$_6$ (Pyridoxin) wird für die Bildung von Blutzellen, Hormonen, Neurotransmittern, Enzymen und Antikörpern benötigt. Es kann Ödeme verkleinern. Mehr über dieses Vitamin später in diesem Kapitel.

Bei den Eskimos gibt es trotz ihrer sehr stark fischtranhaltigen Ernährungsweise sehr wenig Herz-Kreislauf-Erkrankungen. Tran enthält *sehr viel Cholesterin*. Aber er enthält auch Eicosapentansäure (EPA). Dieser Nährstoff, eine Form des Vitamin F, eine essentielle Fettsäure, ist dafür bekannt, daß er Herz-Kreislauf-Erkrankungen verhütet. Makrele und Lachs haben einen hohen Gehalt an dieser Form des Vitamins F. Die Nahrungsergänzung heißt *Max-EPA®*.

Nun zu den für Ihr Herz notwendigen Mineralien. Hier ist *Magnesium* entscheidend. Thromben in Herz und Gehirn können von ungenügender Magnesiumzufuhr herrühren [18]. Es wird auch bei Herzrhythmusstörungen eingesetzt. Ein Calciumüberschuß hat ein Magnesiumdefizit zur Folge. *Nehmen Sie deshalb genauso viel Magnesium wie Calcium.*

*Kalium* ist entscheidend für die Regulation des Herzschlags. Diuretika schwemmen diesen wichtigen Nährstoff und andere notwendige Mineralien oftmals aus. Ein Kaliumüberschuß hat ein Natriumdefizit zur Folge. Meiden Sie verarbeitete salzige Nahrungsmittel. Sie können sich einen Salzersatz, Kaliumchlorid, zulegen. Übertreiben Sie es damit aber auch nicht, denn eine große Menge Kalium kann den Herzschlag verlangsamen.

Mit *Selen* verhelfen Sie Ihrem Herzmuskel zur richtigen Sauerstoffversorgung, da die Arbeit der energieliefernden Zellen des Herzens optimiert wird. Es schützt auch vor der Zusammenballung von Thrombozyten in den Blutgefäßen. Silizium wird für alle Strukturgewebe, auch für das Herz selbst, gebraucht.

Die Aminosäure *Carnitin* unterstützt den Transport von Fettsäuren zu den Engergiefabriken in unseren Zellen, den Mitochondrien. Nach einem Herzanfall fällt der Carnitinspiegel im Herzen oft *auf Null*, daher ist diese Substanz für den Patienten entscheidend!

Ein Mangel an *Taurin*, einer weiteren Aminosäure, kann Herzrhythmusstörungen, Epilepsie, Schlaflosigkeit und heftige Zuckungen während der Einschlafphase verursachen. Taurin wird auch zur Gallebildung benötigt. Die Nieren können Taurin ausscheiden, wenn Sie zu viel Fleisch essen.

*Lecithin* ist ein wichtiger Emulgator für Fette und Cholesterin. Eier enthalten viel Lecithin und sind daher, entgegen der medizinischen Lehrmeinung, für Sie nicht schlecht, wenn Sie nicht dagegen allergisch sind. Auch Sojabohnen enthalten viel Lecithin. Lecithin enthält Cholin, das zur Bildung des Neurotransmitters Acetylcholin erforderlich ist. Mängel oder Störungen in bezug auf diesen Neurotransmitter sind mit degenerativen neurologischen Erkrankungen in Verbindung gebracht worden.

Forschungen über das *Coenzym Q10* haben gezeigt, daß es die Sauerstoffaufnahme der Herzzellen bedeutend verbessert. Das Herz ist dann in jeder Beziehung streßtoleranter. Dieser Stoff ist für das Herz-Kreislauf-System so nützlich, daß die amerikanische Gesundheitsbehörde ihn verbieten will! Ganz offensichtlich ist es so, daß die Gesundheitsbehörde über einen Nährstoff *ohne Nebenwirkungen*, der natürlicherweise im Körper vorkommt, herfällt, wenn er durch ein teures und *patentiertes* (sprich: äußerst profitträchtiges) Arzneimittel ersetzen werden kann! Coenzym Q10 ist als Nahrungsergänzung in Mengen ab 10 mg erhältlich.

*Mucopolysaccharide* sind eine Klasse von Nährstoffen, die ebenfalls nützlich für das Herz-Kreislauf-System sind. Sie enthalten Carageenan (aus Meeresalgen) oder Chondroitin-Sulfat A (CSA) aus Gewebe der Rinderaorta. Sie sind als Nahrungsergänzung erhältlich.

Nun müssen wir uns die Auswirkungen des Alterns (oder des Essens falscher Nahrungsmittel) auf unsere Verdauungsfähigkeit klarmachen. Älteren Menschen werden oft Medikamente zur Neutralisierung der überschüssigen Magensäure verabreicht, wenn sie

eigentlich die *zu geringe* Magensäure durch Zusätze mit Pepsin oder
Betainhydrochlorid erhöhen müßten. Durch die geringe Magensäure kann der Mageninhalt fermentieren und dies verursacht
*Magenschmerzen*. Hier macht die Schulmedizin *genau das Gegenteil* von dem, was sie tun sollte, um Menschen zu helfen. Wir haben
festgestellt, daß dieser sehr häufige Zustand von zu wenig
Magensäure oft durch den Verzehr von Milchprodukten, Koffein
oder Zucker herbeigeführt wird. Zusätzlich zu den Schmerzen kann
dadurch auch noch die Verwertungsfähigkeit von Nährstoffen her-
abgesetzt werden.

Sie können indirekt testen, ob Ihr Magen in der Lage ist, genügend Magensäure zu produzieren. Sie können beim Laborbedarf
(finden Sie in den Gelben Seiten) oder in der Drogerie pH-Papier
kaufen. Der Speichel-pH spiegelt in etwa den pH-Wert im Darm
wider und sollte etwa bei 7,5 liegen. Der Urin-pH spiegelt den pH-
Wert des Magens und sollte einen pH-Wert um 5,5 haben. Ist er viel
höher, sagen wir 7,0, so bedeutet dies meist, daß Ihr Magen nicht
genügend Säure produziert und Sie sich überlegen sollten, ob Sie
einen Pepsin/Hydrochlorid-Zusatz einnehmen. Menschen mit
Geschwüren sollten allerdings niemals Säurezusätze nehmen. Sie
sollten eine zu geringe Magensäure nur mit Hilfe eines Ernährungs-
fachmannes korrigieren.

Hüten Sie sich vor Büchern, die viele Hunderte Milligramm von
B-Vitaminen empfehlen. Beachten Sie auch, daß einige Nährstoffe,
z.B. Eisen und Kupfer, leicht oxidieren (buchstäblich rosten). Sie
werden in Nahrungsergänzungen gewöhnlich nicht gebraucht, es
sei denn, Sie sind schwanger oder leiden an Blutarmut. Außerdem
speichert der Körper diese beiden Nahrungsstoffe ziemlich gut.
Viele Ergänzungsstoffe sind oft in kleineren Mengen nötig, wie
Blut- und andere Tests zeigen. Sie können nicht genug getestet werden!

Obwohl wir eine Unterstützung durch Nahrungsergänzungen
empfehlen, sollte dies niemals bedingungslos geschehen. Sie sind
zwar weitaus weniger gefährlich als Medikamente, aber es gibt
Punkte, die man beachten sollte. Viele Nahrungsergänzungen ver-
derben, weil sie zu lange liegenbleiben, erhitzt oder zu sehr ab-
gekühlt werden. Wenn Sie auf eine  Nahrungsergänzung allergisch
sind, lassen Sie diese Substanz weg. Viele Firmen arbeiten mit „over-

kill", also Überdosierung. Ihre Kapseln enthalten vielleicht einen oder zwei nützliche Nährstoffe, doch die Firma glaubt, sie müsse für den Wettbewerb noch „einen drauf" setzen, und so fügt sie ein weiteres Dutzend Zusätze hinzu. Weniger kann hier tatsächlich mehr sein. Fügt man nur genug Zusätze hinzu, werden die Menschen mit Sicherheit auf einen oder mehrere allergisch sein. Nehmen Sie nur, was Sie brauchen. Aber es gibt, im Gegensatz zu pharmazeutischen Verschreibungen, kaum irgendwelche lebensbedrohliche Gefahren, wenn Sie Nahrungsergänzungen nehmen. Sie sind auch in hypoallergener Form erhältlich.

## Ein Wort zu Aspirin

Die Studie, aufgrund derer die tägliche Einnahme von Aspirin empfohlen wird, sagt mehr aus, als das medizinische Establishment zugeben möchte [19]. Erstens: die Teilnehmer der Studie, amerikanische männliche Ärzte – mit angeblich geringerer Rate an Herzanfällen – wiesen eine erhöhte Rate an *Schlaganfällen* auf. Zweitens: eine ähnliche britische Studie erbrachte keine Abnahme der Herzanfälle durch die tägliche Aspirineinnahme, aber es zeigte sich *ebenfalls* eine höhere Rate an Schlaganfällen! Die angebliche Abnahme der Herzanfälle bei der ersten Studie war vielleicht gar nicht auf Aspirin zurückzuführen. Denn es wurde nicht die übliche Acetylsalicylform des Aspirins verwendet. Statt dessen wurde es in Form von *Magnesiumsalicylat* genommen. Das zusätzliche *Magnesium* kann der Grund für die angebliche Abnahme der Herzanfälle gewesen sein, da Magnesium für diese Eigenschaft bekannt ist.

Die medizinische Empfehlung für die tägliche Einnahme von Aspirin zur Vermeidung von Herzanfällen ist Teil eines größeren Unterfangens. Die Absprache zwischen der medizinischen und der pharmazeutischen Industrie hat zu der abwegigen Auffassung „Vitamine sind Arzneimittel" und „Arzneimittel sind Vitamine" geführt. Man will Ihnen weismachen, daß Vitamine als – wie ihr Name sagt – lebensnotwendige Bestandteile des Körpers gefährliche Substanzen seien. Diese Leute möchten aber, daß Sie jeden Tag ein Arzneimittel nehmen, als ob es ein Vitamin sei! Zur Verhütung von Herzanfällen und Herzkreislauf-Erkrankungen sprechen wir uns strikt gegen Aspirin aus. Nehmen Sie *statt dessen* die in diesem Kapitel dargestellten Nährstoffe für das Herz-Kreislauf-System und Antioxidantien. Es ist in der Tat so, daß Aspirin die Synthese von

Vitamin C und Interferon hemmt. *In den USA sterben jedes Jahr hunderte von Menschen an Aspirinvergiftung oder allergischen Reaktionen oder müssen deswegen ins Krankenhaus.* Die Anzahl solcher Zwischenfälle durch die Einnahme von Nährstoffen für das Herz-Kreislauf-System ist in den meisten Jahren *gleich Null.* Auch gibt es keine erhöhte Wahrscheinlichkeit für einen Schlaganfall, wie das bei Aspirin *bewiesen* wurde. Aspirin ist sehr allergen und kann Geschwüre und andere Magen-Darm-Erkrankungen verursachen.

## Antioxidantien

- Vitamin A
- Vitamin C
- Vitamin E
- Vitamin $B_1$, $B_2$, $B_3$, $B_5$, $B_6$
- $B_{15}$ (oder N,N Dimethylglycin)
- Bioflavonoide
- Selen
- Gluthation
- Cystein
- Zink
- Super-Oxid-Dismutase (SOD)

Diese Nährstoff-Antioxidantien werden auch als Nährstoffe *gegen das Altern* bezeichnet. Nachdem medizinische Ernährungsspezialisten mehrere Jahrzehnte lang schon *Beweise* dafür erbracht haben, daß diese wichtigen Nährstoffe sowohl alterungs- als auch krebsbekämpfende Eigenschaften haben (und aus diesem Grund verteufelt wurden), räumt dies jetzt sogar die Schulmedizin ein. Es ist aufgrund der zu Beginn dieses Kapitels beschriebenen Fakten *äußerst unwahrscheinlich,* daß Sie die meisten dieser Stoffe oder alle mit Ihrer Nahrung aufnehmen. Außerdem verlangsamen sich im Laufe des Alterungsprozesses unsere Stoffwechselprozesse und wir können diese Nährstoffe nicht richtig aufnehmen oder verarbeiten.

Die Antioxidantien spülen *freie Radikale* entweder direkt hinaus oder sie sind Nährstoffe, die in Enzyme eingebaut werden, welche dann diese Aufgabe ausführen. Erinnern Sie sich aus dem letzten Kapitel, daß freie Radikale *äußerst reaktionsfähige* Substanzen sind, die sich verzweifelt überall anlagern, um das zusätzliche Elektron zu bekommen. Das freie Radikale schädigt daher jedes Molekül oder jede Zelle, an die es sich anlagert. Die Schädigung durch freie Radikale läßt uns altern. Alles, was dem entgegenwirkt, läßt uns weniger schnell altern und trägt zum Schutz vor Krebs bei.

*Vitamin A* ist ein starkes Antioxidans und ein Anti-Krebs-Nährstoff. Es kommt in großen Mengen im Fischlebertran vor. Seine Vorstufe (oder sein Provitamin), das Beta-Carotin, ist in Karotten, Süßkartoffeln, Mangold, Brokkoli und ähnlichen Gemüsen enthalten. Die empfohlene tägliche Mindestmenge für Erwachsene beträgt 4000 IE. Die meisten medizinischen Ernährungsspezialisten empfehlen aber schon lange 10–20 000 IE täglich als Präventivmaßnahme. In äußerst seltenen Fällen haben viel höhere tägliche Dosen der Tranform des Vitamins A zu Problemen geführt. Es ist sehr viel weniger wahrscheinlich, daß die Vorstufe, das Beta-Carotin, irgendwelche Probleme verursacht. Wenn wir jedoch im Laufe des Alterungsprozesses das Beta-Carotin nicht mehr in die eigentliche, vom Körper genutzte Form umwandeln können, müssen wir die Fischtranform zuführen. Wenn Sie Fisch und die oben aufgelisteten Gemüse essen oder ab und zu Karottensaft trinken, können Sie etwas von beiden Formen des Vitamins A aufnehmen. Sie sind, wie auch die meisten Antioxidantien und die Nährstoffe zur Herz-Kreislauf-Unterstützung, in den meisten Multivitamin-Mineral-Ergänzungen enthalten. Kaufen Sie Ihren „Multi" in einem Naturkostladen. Meiden Sie die hübschen, aber künstlichen, gefärbten Nahrungszusätze, die von den Arzneimittelfirmen hergestellt werden. Sie enthalten auch meist viel weniger von den verschiedenen Nährstoffen als die meisten Marken in den Naturkostläden.

*Vitamin C* (Ascorbinsäure) ist ein großes Antioxidans, ein Nährstoff gegen die Alterung und ein Anti-Streß-Nährstoff. Der Chemiker Linus Pauling, zweimaliger Nobelpreisträger, hat jahrzehntelang über die Eigenschaften dieses Nährstoffes geforscht. Die offiziell empfohlene Tagesdosis liegt bei 60 mg. Dr. Pauling empfahl eine tägliche Dosis von 250 mg bis 10 000 mg als Optimum. Die meisten Ernährungsspezialisten empfehlen heute eine Tagesdosis von 500 bis 1000 mg als Präventivmaßnahme. Die Notwendigkeit für Vitamin C kann man deutlich bei denen sehen, die es einnehmen. Ein dunklerer Urin (als üblich) kann anzeigen, daß Sie mehr als genug genommen haben. Sie können bis zu dieser Schwellenmenge gehen. Bei jeglichem Streß, etwa einer Erkältung, wäre eine wesentlich höhere Dosis nötig, damit die Farbe des Urins umschlägt. Der Körper braucht dann mehr und verwendet es zur Bekämpfung von Mikroorganismen! Bedenken Sie, daß unsere Nährstoffempfehlungen nicht hauptsächlich darauf ausgerichtet sind, Sie vor dem drohenden Tod an Skorbut zu bewahren. Sie sind darauf ausgerichtet, Ihre Lebensspanne und Ihre Gesundheit gefahrlos zu erhöhen.

Einige der üblichen natürlichen Vitamin C-Quellen, wie z.B. Zitrusfrüchte, sind sehr oft auch Allergene. Wir haben festgestellt, daß viele Menschen durch die Einnahme großer Mengen Vitamin C an häufigem Harndrang, sogar brennenden Schmerzen beim Wasserlassen und (wenn auch selten) an Steinen leiden. Hier stimmen wir mit den Schulmedizinern überein und ersuchen die ganzheitlichen Ärzte, doch diese allgemeinen Beschwerden nicht weiterhin zu ignorieren. Vergessen Sie nicht, daß die tägliche Einnahme eines Vitamins bei vielen Menschen zu einer allergischen Reaktion führen kann; das ist genauso, wie wenn man jeden Tag dasselbe ißt.

Es gibt also hinsichtlich des Vitamin C ein Dilemma. Wir benötigen große Mengen dieses Nährstoffes. Aber wir müssen versuchen, die negativen oder allergischen Reaktionen auf Zitrusfrüchte oder andere übliche Formen dieses Ergänzungsstoffes zu vermeiden. Eine Antwort darauf [20] ist die neuere Ester-C®-Form des Vitamin C. Sie verursacht keinen häufigen Harndrang. Besorgen Sie sich möglichst ein Präparat ohne zugesetzte Bioflavonoide. Diese Zitrusderivate verursachen nämlich bei vielen Menschen Blasen- (und andere) Störungen.

*Vitamin E* schützt vor Herz-Kreislauf-Erkrankungen, einschließlich Herzanfällen, und ist ein starkes Antioxidans. Die meisten medizinischen Ernährungsspezialisten empfehlen mindestens 100 IE, mit einer allmählichen Steigerung bis auf 400 IE täglich. Vitamin E stammt aus den natürlichen Quellen Weizen und Soja oder wird synthetisch hergestellt. Wenn Sie Öl zum Kochen verwenden (wogegen wir uns allerdings weiter oben ausgesprochen hatten) oder (besser) zu Salaten, geben Sie doch etwas Vitamin E in die Ölflasche – einfach die Kapsel hineinwerfen – und bewahren Sie sie im Kühlschrank auf.

Die verschiedenen Antioxidantien aus der Gruppe der aufgelisteten *B-Vitamine* – $B_1$ (Thiamin), $B_2$ (Riboflavin), $B_3$ (Niacin oder Niacinamid), $B_5$ (Pantothensäure) und $B_6$ (Pyridoxin) – sind ebenfalls wichtig für das Nervensystem, die Leber, das Immunsystem, die Bildung der Blutzellen und für viele andere Vorgänge. Im Laufe unseres Alterungsprozesses hat die Leber Schwierigkeiten, einige dieser Vitamine aus ihrer Provitaminform in die vom Körper benötigte aktive Form umzuwandeln. Fragen Sie in Ihrem Naturkostladen nach Marken, welche die Vitamine $B_2$ und $B_6$ in den bereits umgewandelten Formen enthalten. Riboflavin ($B_2$) wird zu Riboflavin-5-Phosphat und Pyridoxin ($B_6$) zu Pyridoxal-6-phosphat. Ältere Mitbürger oder Menschen mit Leberstörungen sollten B-Komplex- oder Multi-Vitamin-Mineral-Präparate kaufen, in denen ein Teil dieser beiden Vitamine in der umgewandelten (oder phosphorylierten) Form enthalten ist.

Das Vitamin $B_6$ allein wird für viele Zwecke benötigt. Es wird im Aminosäurestoffwechsel gebraucht, um Hormone, Neurotransmitter, Enzyme, Antikörper, Erythrozyten, usw. zu bilden. Es ist für den Fettsäure- und Kohlehydratstoffwechsel, den Stoffwechsel des Herz-Kreislauf-Systems und für einen korrekten Ablauf der neurologischen Funktionen nötig. Es kann Ödeme vermindern, an der Bildung von Magensäure und der Absorption von Vitamin $B_{12}$ mitwirken. Bei einigen Menschen kann es auch das Karpaltunnelsyndrom beseitigen. Vor zehn Jahren erregte eine Studie viel Aufsehen in den Medien. Sechs Personen entwickelten nach täglicher Einnahme von mehreren Tausend Milligramm Vitamin $B_6$ neurologische Symptome [21]. Wir empfehlen daher ein B-Komplex- oder Multi-Vitamin-Mineral-Präparat, das ca. 50 mg dieser B-Vitamine enthält. (Die offiziell empfohlene Tagesmenge liegt bei ungefähr *einem* – nutzlosen – Milligramm.) Doch es ist nicht richtig, daß mehr immer besser ist, wie manche Bücher von Ernährungsfachleuten zu vermitteln scheinen.

Vitamin $B_{15}$ (oder N,N Dimethylglycin) wird noch nicht allgemein als B-Vitamin anerkannt. Dieser Nährstoff kann den Sauerstoffgehalt im Gewebe in hohem Maße verbessern. Sie bekommen

diesen Ergänzungsstoff als lösliche Sublingualtablette in Ihrem
Naturkostladen.

Ergänzungsstoffe von *Bioflavonoiden* – in Europa heißen sie
Vitamin P – werden meist aus Zitrusfrüchten gewonnen, von denen
wir schon sagten, sie seien häufige Allergene. Andere Quellen sind
Buchweizen, schwarze Johannisbeeren, Pflaumen, Aprikosen und
Hagebutten. Diese Gruppe von Nährstoffen arbeitet mit Vitamin C
zusammen. Anstelle der potentiell allergenen Nahrungsergänzungen empfehlen wir hier den Verzehr der genannten Nahrungsmittel,
die Bioflavonoide enthalten. Versuchen Sie, diese abwechselnd zu
essen und nicht jeden Tag die gleichen, sonst entwickeln Sie eine
neue Allergie/Sucht.

*Selen* ist ein sehr starkes Antioxidans und ein Anti-Krebs-Mine-
ral. Es arbeitet mit dem Tripeptid (drei Aminosäuren) Glutathion
zusammen, um die gefährlichen *Lipidsuperoxidradikale* zu entgif-
ten, die in allen erhitzten Ölen und in anderen Substanzen vorkommen. Selen ist in großen Mengen in Fisch und Seetang enthalten. Es
trägt auch zur Neutralisation des giftigen Metalls Quecksilber bei.
Die Nahrung der Japaner, die reich an Seetang und Fisch ist, enthält
bis zu 1000 Mikrogramm Selen täglich. Die meisten medizinischen
Ernährungsfachleute empfehlen eine tägliche Nahrungsergänzung
von 200 Mikrogramm.

Übrigens empfehlen alle wirklich aufgeklärten Ärzte dringend,
zu einem ganzheitlich arbeitenden Zahnarzt zu gehen und alle sogenannten „Silber"amalgamfüllungen entfernen zu lassen, wenn Sie
wirklich so lange wie möglich leben wollen! Diese Amalgame sind
in Wirklichkeit eher aus *Quecksilber* als aus Silber. Unparteiische
Studien schwedischer Metallurgen im Jahre 1987 [22] haben bewiesen, daß die Hälfte des Quecksilbers innerhalb weniger Jahre in den
Körper ausgeschwemmt wird. Schweden und Österreich verbieten
die Verwendung von Zahnmaterial aus Amalgam. (Dies gilt zumindest für Deutschland leider so noch nicht. Viele Zahnärzte streiten
nach wie vor die Gefährlichkeit von Amalgam ab! – Anm. d. Übers.)
Quecksilber ist eines der stärksten Gifte für den Menschen, die
bekannt sind. Es kann dem Immunsystem, dem Nervensystem, den
Nieren und anderen Organen großen Schaden zufügen. Lassen Sie
das Amalgam durch ein Porzellan-Keramik-Gemisch ersetzen.
Suchen Sie jedoch nur einen ganzheitlich arbeitenden Zahnarzt auf,

der schon jahrelang auf diese Weise arbeitet. Nehmen Sie alle Ihre Antioxidantien in hohen Dosen vor der Behandlung, bei der das Amalgam entfernt wird. Nehmen Sie insbesondere die Vitamine A und C, Selen sowie die Aminosäure Cystein.

*Glutathion* sollte nur in der „reduzierten" Form gekauft werden. Sonst nehmen Sie die drei Aminosäuren, die es enthält, einzeln auf. Aber es gibt keine Garantie dafür, daß Ihr Körper diese zu Glutathion verbindet; kaufen Sie also lieber die reduzierte Form. Glutathion ist ein starkes Antioxidans. Zusammen mit Vitamin C und der Aminosäure Taurin wird es als hilfreich bei grauem Star angesehen. Glutathion ist Bestandteil des Enzyms Glutathionperoxidase, welches die gefährlichen, oben beschriebenen Lipidsuperoxidradikale neutralisiert.

Das mineralische Antioxidans *Zink* wird bei der Heilung der Haut und anderer Bindegewebe und zur Herstellung von Insulin benötigt. Mit zunehmendem Alter kann der Verlust des Geruchs- oder Geschmackssinns mit einem Zinkmangel verknüpft sein.

Die *Superoxid-Dismutase (SOD)* neutralisiert die freien Radikale des Superoxids. Im August 1993 hat man herausgefunden [23], daß eine Störung dieses Antioxidans die genetische Form der Krankheit ALS hervorruft. Bei ALS (Amyotrophe Lateralsklerose), die auch Morbus Lou Gehrig genannt wird, handelt es sich um eine neurologisch-degenerative Erkrankung. SOD wirkt auch strahlenbedingten Gewebeschäden in positiver Weise entgegen. Sie ist ein im Körper natürlich vorkommendes Enzym und in Naturkostläden erhältlich.

Zum Abschluß der Besprechung der Nährstoffe gegen das Altern noch ein Wort zu einem weithin erteilten schlechten Rat. Einige Alters-„Experten" empfehlen jede Substanz, die gegen das Altern angepriesen wird, einschließlich neuer und potentiell gefährlicher *Medikamente*. Dies entspricht der amerikanischen Militärtaktik während des Vietnamkrieges: „Um das Dorf zu retten, mußten wir es zerstören." Dies ist natürlich Unsinn. Wenn Sie lange und gesund leben wollen, konzentrieren Sie sich auf *natürliche* Substanzen, nicht auf Arzneimittel. Die hier beschriebenen Nährstoffe sind Bestandteile des Körpers, Arzneimittel dagegen nicht.

# Ein Wort zu Arthritis

Wenn wir es schaffen, ein hohes Alter zu erreichen, werden wir wahrscheinlich mit arthritischen Beschwerden zu tun bekommen. Als erstes sollten die Nachtschattengewächse (insbesondere Tomaten und Tomatensauce) aus dem Speiseplan gestrichen werden. Wenn das nichts nützt, lassen Sie einen vollständigen Nahrungsmitteltest machen und lassen dann die wahren Übeltäter weg. In einigen Fällen kann auch das Einatmen von Chemikalien arthritische Beschwerden verursachen. Friseure, die viel Ammoniak und Formaldehyd einatmen, leiden oft unter Arthritis und Lupus.

Wir raten Ihnen dringend, sich klarzumachen, wie allergen und giftig die verwendeten Medikamente für Arthritispatienten sind. Viele Menschen reagieren negativ auf Gold, Penicillamin und andere, bei Arthritis häufig verwendete Medikamente, nachdem Aspirin nicht mehr länger toleriert werden kann. Diese Medikamente einschließlich Aspirin werden genau deshalb nicht gut vertragen, weil sie *sehr allergene Substanzen und weil Arthritispatienten wirklich sehr allergische Menschen sind.*

Gewisse Nährstoffe wirken den arthritischen Beschwerden entgegen. Inzwischen sind Zink- und Kupferformen der Superoxid-Dismutase (SOD) erhältlich; sie sind gut geeignet bei Arthritis. Vitamin $B_5$, die Pantothensäure, kann dazu beitragen, die Nebennieren zu stärken und so die Entzündung zu bekämpfen. Arthritispatienten haben oft einen geringen Histidinspiegel (Aminosäure), insbesondere Patienten mit rheumatoider Arthritis. Histidin kommt in Rettichen vor, möglicherweise verursacht diese Nahrungsmittelfamilie deshalb wäßrige Augen usw. Histidin steht auch mit den Sexualfunktionen in Beziehung. Wer Schwierigkeiten hat, zum Orgasmus zu kommen, hat wenig Histidin. Gedankenfutter? Nun weiß ich, daß Sie diesen Nährstoff vielleicht haben wollen!

Mangan, Folsäure und das Fischöl Max-EPA® haben sich bei Arthritis als nützlich erwiesen. Natürlich wissen Sie auch, daß genug Calcium in der Nahrung oder eher in der Nahrungsergänzung notwendig ist. Es hat sich erwiesen, daß durch tägliche Übungen die Calciumaufnahme erhöht wird. Dies ist entscheidend, wenn Sie sich ein langes Leben und eine optimale Gesundheit zum Ziel gesetzt haben. Gute Nahrungsquellen für Calcium sind Fisch, Sojabohnen, Mandeln und Brokkoli. Entschieden sprechen wir uns gegen Milchprodukte aus.

Des weiteren ist es wichtig, daß Sie genauso viel Magnesium wie Calcium zu sich nehmen. Ältere Ernährungsempfehlungen besagten, doppelt soviel Calcium wie Magnesium einzunehmen. Dies kann zu ernstem Magnesiummangel mit Müdigkeit und Störungen durch Viren führen.

Die in diesem Kapital angegebenen Nahrungsergänzungen können dazu beitragen, daß Sie länger leben, und sie können Krebs und Herz-Kreislauf-Erkrankungen vorbeugen. Es wird Zeit, Ihrem Naturkostladen einen Besuch abzustatten. Nehmen Sie bei dieser Gelegenheit auch gleich ein paar biologische Produkte mit.

# Kapitel 6
# Abnehmen und über 90 Jahre alt werden

Die beiden allgemein anerkannten Möglichkeiten, um das Leben zu verlängern, sind ein körperlich aktives Leben (durch Arbeit oder Übungen) und Schlanksein. Wir werden hier einige unserer Entdeckungen mitteilen, die Ihnen beim Schlankwerden und Schlankbleiben helfen können.

Für viele von uns ist der übliche Glaubenssatz, Kalorien einzuschränken, nicht ausreichend oder angemessen zur Erzielung unseres Idealgewichtes. Wir werden uns auf neue Wege konzentrieren mit der Ansicht, daß viele Leute ihr Idealgewicht unabhängig von der Kalorienaufnahme erzielen können. Viele, die durch das Kalorienzählen nicht abnehmen, können nun beruhigt werden; dieses Kapitel wird ihnen neue Wege zu ihrem Ziel zeigen.

## Ursachen für eine Gewichtszunahme und/oder Sucht

1. *Fehlerhafte Appetitsteuerung.* Die An- und Abschaltezellen des Appetitsteuerungszentrums im Hypothalamus des Gehirns können durch Histamin oder andere, durch allergische Reaktionen freigesetzte Substanzen fehlgesteuert sein. Anstatt abzuschalten, schalten sie an, wenn das allergene Nahrungsmittel aufgenommen wird. So wird man immer hungriger anstatt satt, wenn man das allergene Nahrungsmittel zu sich nimmt. Manche Menschen können nicht aufhören zu essen, bis sie völlig aus der Form laufen.

2. *Gestörter Wasserhaushalt.* Dieser Mechanismus bezieht sich sogar auf unsere Herz-Integrations-Techniken. Gewisse Nahrungsmittel(-Allergien) binden wahrscheinlich Wasser im Körper. Variiert der Urin in Dichte und Farbe? (Natürlich können Männer diese Frage leichter beantworten als Frauen.) Bekom-

men Sie nach Genuß bestimmter (nicht salziger) Nahrungsmittel
Durst? Geht man davon aus, daß Arzneimittel, Vitamine, Salz
usw. nichts damit zu tun haben, so muß man allergische Reaktionen annehmen. Der Genuß allergener Nahrungsmittel kann
die Ursache dafür sein, daß Sie Wasser zurückhalten und der
Urin dunkler, stärker konzentriert und die Harnausscheidung
geringer ist. Einige der Nahrungsmittel, die bei vielen Menschen
so wirken, sind Tomaten, Milchprodukte, Essig, Weizen und
Rindfleisch.

Substanzen wie das Histamin aus allergischen Reaktionen
können hier das Hypothalamus-Hypophysen-Nieren-Herz-
System, das den Wasserhaushalt im Körper reguliert, schädigen.
Man hat herausgefunden, daß sich im Hypothalamus, der mit
dem Wasserhaushalt des Körpers zu tun hat, viele Histaminrezeptoren befinden [24]. Nimmt man nun ein Nahrungsmittel
auf, das diese abnormale, aber häufige Reaktion hervorruft, wird
das falsche Signal gesetzt, daß der Körper Wasser verliert. Als
Reaktion darauf hält der Körper zu viel Wasser zurück. Wenn
man die allergenen Nahrungsmittel wegläßt, normalisiert sich
die Wasserregulation und -ausscheidung und es wird wieder ein
klarer Urin ausgeschieden. Ißt man jedoch die unverträglichen
Nahrungsmittel weiterhin, so können sich die Wasser-„Regula-
toren" nicht mehr normalisieren.

Als die Allergien des Autors sehr schlimm waren, konnte
eine einzelne Tomate zu einer Wasserretention von mehreren
Litern führen. Das Meiden dieses Nahrungsmittels führte dann
zu einem großen Wasser- (und Gewichts-)verlust. Einmal nahm
der Autor sechs Pfund in einer Stunde ab! (Wir haben eine Urin-
analyse als Beweis. Das spezifische Gewicht war praktisch das
von reinem Wasser).

3. *Unterzuckerung (Hypoglykämie).* Dies kann zu heftigem Verlangen nach Süßem oder anderen (allergenen) Substanzen
führen, die den Blutzucker beeinträchtigen. Wenn Sie nach einer
Mahlzeit Süßigkeiten essen müssen, hat eines der Nahrungsmittel Ihren Blutzuckerspiegel abgesenkt, vermutlich aufgrund
einer allergischen Reaktion im Zusammenhang mit Ihrer Bauchspeicheldrüse. Sie können dann wahrscheinlich nicht anders, als
sich mit Kuchen, Keksen oder Eiscreme vollzustopfen, oder Sie

wollen dann auch noch einen „Schuß" Koffein. Die „Heilung" besteht darin, diejenigen Nahrungsmittel, die das Verlangen nach Süßem verursachen, herauszufinden und wegzulassen.

4. *Gestörter Methionin-Stoffwechsel* [25]. Viele Menschen können die essentielle Aminosäure Methionin nicht richtig im Stoffwechsel verarbeiten. Es können giftige, suchterzeugende, endorphinartige (opiumartige) Substanzen im Körper gebildet werden. Dies mag erklären, warum viele Menschen nur wenige Nahrungsmittelarten zu sich nehmen. Sie fühlen sich auf irgendeine Weise „high" von solchen Nahrungsmitteln. Dies kommt von der Endorphinwirkung auf das Gehirn. Nahrungsmittel, welche diese Wirkung nicht auslösen, werden nicht gegessen. Doch die entstehenden endorphinartigen Substanzen sind giftig für Gehirn, Leber, Bauchspeicheldrüse usw. Ein Teufelskreis beginnt. Lernen Sie, Nahrungsmittel zu essen, die Sie nicht „high" machen. Wenn Sie auf ein Nahrungsmittel „high" reagieren, so ist dies ein Zeichen eines Allergie-/Sucht-Mechanismus, wodurch Sie sowohl an Gewicht zunehmen können als auch Symptome (versteckter) Nahrungsmittelallergien bekommen werden.

5. *Das Candida-Syndrom.* Haben Sie ein heftiges Verlangen nach Nahrungsmitteln, die sowohl Zucker als auch Hefe/Schimmel enthalten? Dazu gehören alkoholische Getränke, Käse, Trockenfrüchte, Pilze und alles Essighaltige, wie z.B. Senf, Mayonnaise, Ketchup, fertige Salatsoßen und Mixed Pickles. Denken Sie an das klassische Verlangen schwangerer Frauen nach Eis und Mixed Pickles. In der Schwangerschaft bekommen viele Frauen zum ersten Mal eine Candida-Infektion. Aber dieses Syndrom beeinträchtigt auch Männer. Das Verlangen nach Essighaltigem ist hier oft ein Anzeichen dafür. Lernen Sie, diese Nahrungsmittel zu vermeiden. Sie führen dazu, daß Sie zuviel essen, und sie beeinträchtigen oft auch noch Ihren Wasserhaushalt.

6. *Exorphine* [26]. Es wurde vor kurzem herausgefunden, daß gewisse Nahrungsmittel Exorphine enthalten – opiumartige Substanzen, die bereits im Nahrungsmittel gebildet werden. Daher kann jedermann von diesen Nahrungsmitteln potentiell abhängig werden! Es kann unnatürlich und gefährlich sein, solche Nahrungsmittel zu sich zu nehmen. Das Gluten des Wei-

zens, das Casein der Milch und Hülsenfrüchte (wie Erdnüsse) sind Exorphinproteine. Weizen und Milchprodukte zu meiden ist oft der entscheidende Punkt beim Abnehmen. Kennen Sie viele Menschen, die kein heftiges Verlangen nach diesen beiden oder nach dem ultimativ süchtig machenden Nahrungsmittel – Pizza – haben? Oder nach Eiscreme (Milch und Zucker)?

Merke: Weizen ist eine unnatürliche Kreuzung und wird erst seit etwa tausend Jahren angebaut. Wir haben schon erwähnt, daß Kuhmilch für Kälber ist. Und Erdnüsse enthalten große Mengen des Schimmels Aflatoxin, einer für den Menschen hochwirksamen giftigen und krebsauslösenden Substanz. Die exorphinhaltigen Nahrungsmittel, die Sie „high" machen, können Sie also gleichzeitig niedermachen; außerdem führen sie dazu, sich zu überessen und zuzunehmen.

7. *Fette.* Einige Menschen nehmen nur dann ab, wenn sie nicht alle Kalorien zählen, sondern nur diejenigen, die Fett enthalten. Diese Menschen können versteckte Verdauungs- und Stoffwechselprobleme haben. Fette haben außerdem doppelt so viele Kalorien pro Gewichtseinheit wie Kohlenhydrate. Wie immer scheinen wir nach dem zu verlangen, was am schlechtesten für uns ist – entsprechend der Fähigkeit unsres Körpers, Endorphine zu produzieren, wenn wir krank zu werden beginnen. Unser fortgeschrittener Stoffwechsel bewahrt uns also davor, uns krank zu fühlen, wenn wir dadurch besser dran sind. Wir würden aber anders leichter herausfinden, welche Nahrungsmittel schlecht für uns sind. Wenn Sie ein heftiges Verlangen nach Ölen oder Fetten haben, sind diese wahrscheinlich schlecht für Sie. Viele Menschen haben subklinische Gallenblasenprobleme. Wenn Fett für Sie ein Problem ist, meiden Sie es oder schränken Sie zumindest den Verzehr von Fleisch, Nüssen, Getreide und Milchprodukten deutlich ein. Nehmen Sie keine Nahrungsmittel zu sich, die mit Ölen verarbeitet oder gekocht wurden. Selbst Ihre Vitamine sind in nicht-ölhaltiger Form erhältlich. Zum Beispiel können Sie anstelle der Vitamin-E-Kapseln (ölhaltig) die „trockene" Pulverform in besseren Naturkostläden kaufen.

Mit unseren Methoden stellt sich der Erfolg oft ein, ohne daß man besonders wenig essen muß! Das mag diejenigen schockieren, die seit Jahren mit ihrem Übergewicht kämpfen; aber wenn man allergenfreie Nahrungsmittel zu sich nimmt, fühlt man sich auch nach sehr geringen Mengen gesättigt. Doch das leichte „Hoch" von Endorphinen oder Exorphinen wird ausbleiben und mag manchen überraschen, der daran gewöhnt war.

Resümee: Wer bisher erfolglos Diäten eingehalten hat, muß einen vollständigen Allergietest machen lassen. Nahrungsmittelallergene, die eine Wasserretention oder übermäßiges Trinken verursachen, müssen gemieden werden. Meiden Sie einfache Kohlehydrate und Zucker, das hilft Ihnen, wenn Sie an Unterzuckerung leiden. Aber nehmen Sie komplexe Kohlehydrate zu sich, sie sind auf alle Fälle am besten. Die meisten Menschen müssen Milchprodukte, Erdnußprodukte und Weizen meiden, da zusätzliche Exorphine darin enthalten sind. Viele stellen fest, daß sie Tomaten und Rindfleisch meiden sollten. Beobachten Sie ein Wechseln von Farbe und Menge Ihres Urins, damit Sie bestimmen können, welche Nahrungsmittel Ihren Wasserhaushalt beeinträchtigen. Dann wissen Sie, was Sie mit diesen Nahrungsmitteln machen müssen. Wenn Sie nun beginnen, ein tägliches Verlangen nach anderen Nahrungsmitteln zu entwickeln, dann sollten Sie wissen, was das bedeutet. Genau! Nun sind Sie dabei, ein Fachmann auf dem Gebiet der Allergien zu werden – wie es sein sollte!

Führen Sie Tagebuch, wenn Sie nicht sicher sind, welche Nahrungsmittel und welche psychologischen Faktoren übermäßiges Trinken oder eine Wasserretention verursachen. Lernen Sie, sich selbst gegenüber ehrlich zu sein. Alles, wonach Sie ein heftiges Verlangen haben oder was Sie täglich essen, kann die Ursache Ihrer Gewichtsprobleme sein. Holen Sie sich jede Hilfe und Unterstützung, die Sie brauchen, damit Sie auf diese Art und Weise abnehmen können.

# Kapitel 7

# Wie man den Blutdruck schnell auf Normalwerte bringt

Wir haben zwei unterschiedliche und ohne Medikamente durchzu-
führende Wege gefunden, um den Blutdruck schnell zu normalisieren. Der eine ist, eine der drei Rochlitz-Herz-Integrations-Übungen zu machen, der andere, eine Gruppe von Nahrungsmitteln, die
*Monoamine* enthält, aus der Ernährung herauszunehmen. Wenn Ihr
Herz, Ihre Nieren und Ihr Kreislauf gesund sind, werden beide Veränderungen fast immer zum Erfolg führen. Tatsächlich kann schon
*eine* Veränderung allein genügen; aber die positiven Auswirkungen
der Herz-Integrations-Übungen bleiben vielleicht nicht erhalten,
wenn gewisse Nahrungsmittel immer wieder einen hohen (oder bei
manchen Leuten einen niedrigen) Blutdruck hervorrufen. Wenn Sie
Ihr Ziel, einen normalen Blutdruck zu haben, ohne Medikamente
erreichen können, ist es dann nicht wert, diese Veränderungen vor-
zunehmen und unsere Übungen zu machen? Medikamente gegen
hohen Blutdruck und Diuretika haben viele Nebenwirkungen,
einschließlich Gicht, Depressionen, Impotenz und einen möglicherweise lebensbedrohenden Verlust von notwendigen Mineralien.

*Achtung: Wenn der Leser eine Herz-, Nieren- oder Gefäß-
erkrankung oder eine Krankheit der damit verbundenen
Organe hat, könnten diese Methoden nicht funktionieren;
dann sollten Sie zuerst Ihren Arzt aufsuchen.*

Salz und Cholesterin sind *nicht* der Grund, warum die meisten
Menschen einen hohen Blutdruck haben. Dies ist ein weiterer medi-
zinischer Mythos! (Aber Salz und Cholesterin zu reduzieren ist
trotzdem eine gute Idee). Obwohl wir beobachten konnten, wie
sich ein hoher Blutdruck nach Durchführung unserer Herz-Integrations-Übungen normalisiert hat, ist auch bekannt, daß
Ernährungsfaktoren ihn verursachen können! Die Ärzteschaft ist

nicht ehrlich, wenn sie behauptet, die Ursachen für Bluthochdruck seien unbekannt oder er sei „*idiopathisch*". Wenn keine Herz- oder Nierenerkrankungen vorliegen, könnten die meisten Menschen ihren Blutdruck selbst auf Normalwerte bringen! Mitte der 70er Jahre fielen dem Autor einige über dreißig Jahre zuvor verfaßte Texte zur Ernährung in die Hände. Diese Texte zeigten, daß viele Fälle von Kopfschmerzen auf Monoamine, eine in Nahrungsmitteln enthaltene chemische Substanz, zurückgeführt werden können. Diese sind vasoaktiv, d.h. sie beeinträchtigen den Durchmesser von Blutgefäßen. (Wir sind der Auffassung, daß jede Allergie diese Wirkung haben kann.)

## Monoaminhaltige Nahrungsmittel, die Sie meiden sollten

* Käse

* Yoghurt

* Wein

* alles Gereifte und Fermentierte

* Kaffee

* Schokolade

* Zitrusfrüchte

* Bohnen

* Bananen

Jede allergische Reaktion kann Ihren Blutdruck potentiell beeinträchtigen. Beginnen wir mit dem Käse. Es ist kein Zufall, daß gewisse ethnische Gruppen – etwa die Afro-Amerikaner – eine Unverträglichkeit gegenüber Milchprodukten haben und sehr viele von ihnen unter erhöhtem Blutdruck leiden. Wenn eine Allergie gegenüber Milchprodukten besteht, kann gleichzeitig auch eine Abhängigkeit davon bestehen. Ich halte nun schon seit fast zwei Jahrzehnten Vorträge über diese Nahrungsumstellungen vor Menschen mit erhöhtem Blutdruck und habe praktisch immer festgestellt, daß die Zuhörer ihren Blutdruck innerhalb von Tagen nach Weglassen monoaminhaltiger Nahrungsmittel, insbesondere von *Käse* und *Yoghurt*, auf Normalwerte bringen konnten. Im Gegensatz zu seinem wundervollen Ruf müssen wir Yoghurt hier als eines der bedenklichsten Lebensmittel bezeichnen.

Wir behaupten – wiederum unter der Voraussetzung, daß keine Krankheiten vorliegen –, daß Käse äußerst häufig hohen Blutdruck verursacht; Käse mit *besonders viel* Schimmel – z. B. Blauschimmelkäse und Brie – verursacht am *stärksten* erhöhten Blutdruck. Dieser Zusammenhang wird meist bei unseren internationalen Seminaren bestätigt, wenn wir die Zuhörer zum Feedback auffordern.

Monoamine kommen in allem Gereiften, Fermentierten oder Gemälzten vor. Dazu gehören alkoholische Getränke und alles Essighaltige. Monoamine sind auch in Kaffee, Schokolade, Zitrusfrüchten, einigen Bohnensorten und in Bananen enthalten. Sie haben auf den gesamten Blutdruck eine ähnliche Wirkung wie Kopfschmerzen, die bei einigen Menschen auftreten. Doch die Medizin hat wenig Interesse an einem solchen Befund! Leider ist die moderne westliche Medizin aufgrund finanzieller Interessen und von Verflechtungen mit der pharmazeutischen Industrie häufig nicht mehr unabhängig. Als mögliche Behandlungsmethoden für chronische Krankheiten oder Zustände werden nur Medikamente in Betracht gezogen.

Als Physiker kann ich nur sagen, daß dies *alles andere als Wissenschaft* ist. Wissenschaft befaßt sich, wann immer möglich, mit Ursache und Wirkung. Die moderne westliche Medizin ist jedoch nur darauf bedacht, Symptome mit Medikamenten zu überdecken, statt die *Ursache* einer Krankheit herauszufinden! Diese Art Behandlung ist nicht nur unwissenschaftlich, obwohl Mediziner sie einfach trotzdem für wissenschaftlich *erklären*, sie ist auch höchst gefährlich, und zwar aus zwei Gründen. Erstens wird die wahre Ursache der Krankheit einfach ignoriert, und daher bleibt sie im Körper *immer noch aktiv*. Zweitens wird eine neue, potentiell giftige, jedenfalls aber körperfremde Substanz dem Körper zugeführt, die der Körper nun neutralisieren muß.

Medikamente haben natürlich auch ihre Berechtigung. Aber sie sollten gewöhnlich die letzte Möglichkeit sein, nicht die erste. Insbesondere, wenn es sicherere, billigere, natürlichere und *wissenschaftlichere* Methoden gibt. Und die gibt es meistens! Die Neben-

wirkungen vieler Medikamente sind oft schlimmer als die
Symptome, die sie behandeln sollen.

Finden Sie in eigener Verantwortung Wege zur Gesundheit ohne
Medikamente, wo immer dies möglich ist. Wir wollen durchaus
nicht behaupten, daß natürliche Methoden immer absolut sicher
sind. In der Tat war das erste Buch des Autors, *„Die fehlende
Dimension: Energiebalance. Mit Kinesiologie gegen Allergie und
Candida"* [27], das erste überhaupt, das sich ausführlich damit aus-
einandersetzte, wie man gegenüber gewissen Vitaminen allergisch
werden kann. Wenn Sie also Nahrungsmittel mit Monoaminen nicht
meiden (und unsere Herz-Integrations-Übungen nicht machen),
werden Sie vielleicht ein Diuretikum brauchen. Sie sollten jedoch
wissen, daß die folgenden natürlichen Substanzen wassertreibende
Eigenschaften haben:

*Knoblauch*, ein bemerkenswertes Nahrungsmittel, kann den
Blutdruck senken, enthält Selen und Silizium und hat natürliche
antibiotische Eigenschaften gegen Pilze, Bakterien und Viren. *Sellerie* enthält viel Natrium, dennoch hat er sich als blutdrucksenkend
erwiesen! Dies gehört zu den Gründen, warum wir behaupten, daß
Natrium allein nicht der Grund für hohen Blutdruck ist. Es sind
eher die Faktoren, über die Sie in diesem Kapitel mehr erfahren.

## Natürliche Diuretika

- Nahrungsmittel: Knoblauch, Petersilie, Sellerie

- Vitamine: Vitamin C, Vitamin $B_6$

- Mineralien: Kalium

- Kräuter [28]: Bärentraube, Wacholderbeeren, Ingwerwurzel,
  Eibischwurzel, Schneeball

Meiden Sie bitte Nahrungsmittel mit Monoaminen und ergänzen
Sie ihre Nahrung mit den genannten Nährstoffen. Die angeführten
Kräuter sind in Ihrem Naturkostladen leicht einzeln oder in der
oben angegebenen Kombination erhältlich. Ingwer kann frisch
gegessen oder zum Kochen benutzt werden.

Lassen Sie uns auf unsere Herz-Integrations-Übungen zurück-
kommen. Damit Ihr Blutdruck normal bleibt, empfehlen wir Ihnen,

eine der drei Herz-Integrations-Übungen zweimal täglich zu machen: eine genügt wirklich. Wenn Sie so krank sind, daß jede Art Übung für Sie zuviel sein kann, fragen Sie Ihren Arzt, ob Sie diese Übungen machen dürfen. Vergessen Sie nie, daß sie genauso wirksam sind, wenn sie im Bett durchgeführt werden! Es sollte Ihnen ein leichtes sein, unsere Abbildungen in Gedanken so abzuwandeln, daß Sie die Übungen in horizontaler Position machen können. Diuretika oder Blutdruckmedikamente sollten Sie nur allmählich *und mit Zustimmung Ihres Arztes* langsam reduzieren und dann absetzen – *wenn* Sie feststellen, daß Ihr Blutdruck eine Tendenz zur Normalisierung zeigt.

Sie können sicher einen Arzt finden, der bereit ist, mit Ihnen zusammenzuarbeiten. Wenn nicht, sehen Sie in den Gelben Seiten nach oder fragen Sie im Naturkostladen nach einem Arzt, der auch die Ernährung in seine Therapie einbezieht.

## Die Rochlitz-Herz-Integrations-Übung

1. Summen Sie bei dieser Übung.

2. Dies ist eine Überkreuz-Variante; benutzen Sie die jeweils gegenüberliegenden Arme und Beine. Beginnen Sie mit dem rechten Arm wie in Abbildung 12.

3. Halten Sie, so gut Sie es bequem können, den Ellbogen in Schulterhöhe und nach außen, wobei Unterarm (und Hand) einen rechten Winkel zum Oberarm bilden. Hand und Unterarm zeigen zum Boden. Dies ist die Vogelscheuchen-Startposition.

4. Dann drehen Sie die Schulter, Arme und Hände bleiben nach unten gerichtet. Sie behalten also die Vogelscheuche bei und drehen nur die Schulter nach links.

5. Wenn der Ellbogen die Mittellinie erreicht, schnellen Sie mit dem Unterarm nach oben.

6. Ziehen Sie *gleichzeitig* mit dem Hochschnellen des rechten Arms das linke Knie hoch.

7. Dann lassen Sie beide wieder herunterfallen. Der Arm geht also zurück zur Seite, während das Bein zum Boden zurückgeht.

8. Wiederholen Sie das mit dem anderen Arm/Bein-Paar. Achten Sie darauf, daß Sie dies nicht gleichseitig machen.

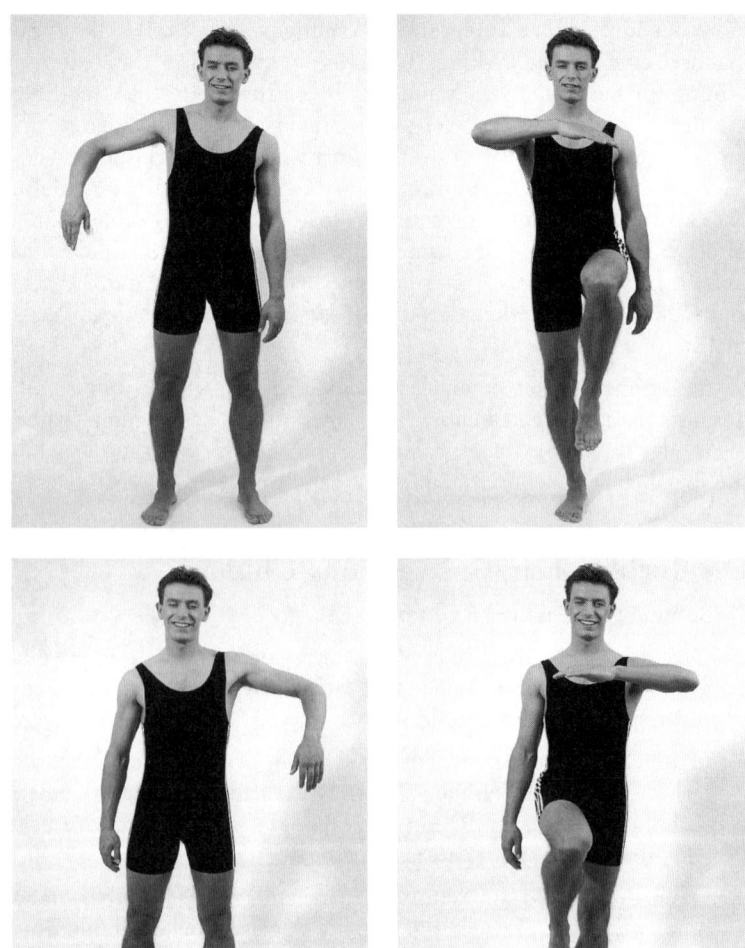

**Abbildungen 12-15:** Die Rochlitz Herz-Integrations-Übung.
Oben: Erste Hälfte Startposition, vollständige erste Hälfte;
unten: zweite Hälfte Startposition, vollständige zweite Hälfte.

9   Nehmen Sie nach 30 Sekunden das Augenkreisen dazu. Hören
    Sie damit auf, wenn Sie schwindlig werden; versuchen Sie statt
    dessen, auf die acht diagonalen Endpunkte zu schauen.

Machen Sie die Übung eine oder zwei Minuten lang. Wenn Sie überhaupt keine Übungen machen dürfen, ist vielleicht die nächste Korrektur für Sie weniger anstrengend. Wenn Sie sich ärgern, weil Sie
nicht üben, ist es vielleicht an der Zeit anzufangen!

## Maestro-Übung

1. Summen Sie bei dieser Übung. (Einige wenige Menschen werden
   vielleicht zählen müssen, um sie „einzuschalten".)

2. Nehmen Sie die Ellbogen nach oben und ein wenig nach außen
   und beschreiben Sie mit den Händen zwei „C", die mit dem
   Rücken zueinander liegen (siehe Abbildung 16).

3. Nehmen Sie das Augenkreisen dazu oder schauen Sie auf die acht
   diagonalen Endpunkte

**Abbildung 16:**
Die Maestro-Übung.

# Die Meta-Maestro-Übung

1. Summen Sie bei dieser Übung. (Einige wenige Menschen werden vielleicht zählen müssen, um sie „einzuschalten".)

2. Nehmen Sie die Ellbogen nach oben und ein wenig nach außen und beschreiben Sie mit den Händen (nicht mit den Augen) zwei mit dem Rücken zueinander liegende „C".

3. Bewegen Sie Ihre Beine zum Rhythmus der Hände auseinander und zusammen. Dies ist eine Variante des „Hampelmannes". Wenn Sie beginnen, sind Ihre Hände oben und die Füße zusammen. Wenn die Hände herunter und nach außen kommen, springen Sie mit Ihren Füßen in die Grätsche (Abbildung 17 und 18).

4. Dann gehen die Füße wieder zusammen, während die Hände zurück nach oben und außen gehen.

5. Nehmen Sie das Augenkreisen dazu oder schauen Sie auf die acht diagonalen Endpunkte.

Dies ist meist die wirkungsvollste und nützlichste aller drei Rochlitz-Herz-Integrations-Übungen.

**Abbildungen 17 und 18:** *Meta-Maestro-Übung*

Wollen Sie Ihren Blutdruck normalisieren und 90 Jahre und älter werden? Dann ändern Sie bitte Ihren Ernährungsplan wie in diesem Kapitel dargelegt, reduzieren Sie zur Sicherheit das Salz und machen Sie diese bemerkenswerten Übungen zwei Mal täglich mindestens zwei Minuten lang. Je länger Sie sie machen, desto größer kann der Nutzen sein. Dirigenten dirigieren schließlich auch oft stundenlang am Stück!

Wir würden es begrüßen, wenn aufgeschlossene Ärzte mit uns Kontakt aufnehmen würden, die bereit wären, Studien mit ihren Patienten zu machen, die sie uns zur Veröffentlichung in einer späteren Ausgabe oder in Zeitschriften überlassen könnten.

Unten sind die Blutdruckwerte zweier Studenten abgedruckt, die bei einem Seminar in Victoria B.C. (Kanada) am 5. Juni 1986 gemessen wurden. Beachten Sie, wie der Blutdruck nach den Übungen innerhalb von wenigen Minuten absank. Dies ist wirklich bemerkenswert, da Übungen den Blutdruck vorübergehend erhöhen. So ist der Blutdruck wahrscheinlich stärker gesunken, als die Ausdrucke zeigen können. Sie selbst sollten mindestens eine halbe Stunde warten, bevor Sie den Blutdruck erneut messen. Aber wir mußten mit dem Seminar weitermachen. (Die Originale liegen uns vor.) Die Werte vor den Übungen stehen links, die danach rechts. Beachten Sie auch im Epilog die Berichte von Menschen, die mit uns Kontakt aufgenommen haben, nachdem sich ihr Blutdruck durch diese Methoden normalisiert hatte. Bitte schreiben auch Sie uns, wenn sich Ihr Blutdruck geändert hat.

| Vor den Übungen | Nach den Übungen |
|---|---|
| Zeit: 1.06 | Zeit: 1.20 |
| Werte: 198/123 | Werte: 161/104 |
| Zeit: 9.50 | Zeit: 10.05 |
| Werte: 132/85 | Werte: 123/78 |

# Kapitel 8
# Geistig gesund mit 90 Jahren und darüber

In diesem Kapitel werden wir das für Ihr Gehirn tun, was die Rochlitz-Herz-Integrations-Übungen für Ihr Herz und Ihren Kreislauf getan haben! Sie sind dabei, das faszinierende Reich der Gehirnhälften-Integrations-Übungen zu betreten. Konzentrationsschwäche, schlechtes Gedächtnis und schlechte Koordinationsfähigkeit, Schwierigkeiten beim Lesen, selbst Dyslexie, können in vielen Fällen aufgrund ungenügend integrierter Gehirnhälften auftreten. Ja, Sie können sehr intelligent sein und dennoch ungenügend integrierte Gehirnhälften haben. Nachdem wir uns mit der einfachen Theorie hinter dieser Entdeckung befaßt haben, gehen wir zu einer einfachen Übung über, die viele dieser Imbalancen korrigieren kann! Selbst wer an Parkinson und Alzheimer leidet, kann von den Techniken dieses Kapitels profitieren.

Die Empfehlungen in diesem Kapitel können auch Dyslexie ziemlich schnell korrigieren. Sagen Sie das Ihren Kindern oder Enkelkindern. Dyslexie bedeutet die Unfähigkeit zu lesen. In Wirklichkeit handelt es sich um anhaltende Leseschwäche, die sich bei ziemlich vielen Menschen der westlichen Welt gelegentlich in „milder" Form zeigt. Müssen Sie einzelne Zeilen mehrmals lesen oder werden Sie beim Lesen müde oder können Sie sich nicht erinnern, was Sie gerade gelesen haben oder haben Sie überhaupt aufgehört zu lesen (außer dieses Buch, natürlich)? Die „Experten" haben die Dyslexie unterschiedlich dargestellt, z. B. als verursacht durch emotionale Probleme, durch Seh- oder Hörstörungen oder durch Medikamentenmangel. Sie liegen meiner Auffassung nach alle falsch.

In den letzten 100 Jahren hat man sehr viel über die Unterschiede zwischen der linken und der rechten Gehirnhälfte gelernt. Forschungsergebnisse wurden aus Experimenten an Menschen gewonnen, die Hirnverletzungen hatten oder bei denen die

Hirnhälften chirurgisch getrennt worden waren. Die *linke Gehirn-hälfte* ist mehr analytisch und zeitlich orientiert; sie ist für logische, sprachliche und mathematische Fähigkeiten zuständig. Die *rechte Gehirnhälfte* ist mehr emotional, musikalisch, räumlich und global ausgerichtet.

Die beiden Gehirnhälften sind durch ein Gewebe oder Bündel von Nervenfasern, das *Corpus callosum*, verbunden. Wir behaupten, daß das Corpus callosum bei Dyslexie und bei einigen älteren Menschen nicht richtig arbeitet. Viele Menschen berichten heutzutage darüber, daß sie zeitweilig beim Lesen müde werden oder einschlafen oder daß sie Zeilen nochmal lesen müssen. Viele geben zu, daß sie nicht viel lesen. Einige behaupten sogar, jedes Buch sei zu schwierig für sie – sie sind sich dieses Problems noch nicht bewußt oder haben Angst, etwas dagegen zu tun. Wie wir sehen werden, hängt das *schlechte Gedächtnis*, besonders für Namen, meist damit zusammen, daß die Hirnhälften mangelhaft zusammenarbeiten.

Es gibt noch andere Zeichen für diese Art von Problem, die wir bei älteren, aber auch bei anderen Menschen sehen. Wenn man sie bittet, auf das linke Auge zu fassen, fassen sie statt dessen auf das rechte oder zögern für Sekunden unentschlossen. Ihre persönlichen Briefe an mich enthalten oft verdrehte Buchstaben. Oft wird eine „8" nicht zusammenhängend geschrieben, sondern wie zwei kleine übereinander stehende „o". An dieser falschen „8" kann man sehen, daß der Erwachsene als Kind vielleicht ein Ungleichgewicht im Gehirn hatte, als er schreiben lernte. Jede Schwierigkeit, sich zu drehen, die Übelkeit beim Autofahren oder beim Kreisspiel können auf ein Integrationsproblem der beiden Hirnhälften hinweisen. Diese Lern- und Drehschwierigkeiten in der Kindheit zeigen sich lange vor ernsten, offenkundigen körperlichen Problemen.

Was geschieht denn, wenn wir lesen? Wir lesen von links nach rechts, und wenn die Augen am weitesten links in den Höhlen liegen, im linken Gesichtsfeld also, wird in erster Linie die gegenüberliegende, d.h. die rechte, Gehirnhälfte „aktiviert". Gleichermaßen wird die linke Gehirnhälfte aktiviert, wenn wir uns im rechten Gesichtsfeld befinden. Dies ist ein Beispiel für die *Überkreuz-Lateralität* aller Vögel und Säugetiere. Wie Sie wissen, kontrolliert die linke Gehirnhälfte die rechte Körperseite und umgekehrt. Erleidet ein Mensch einen Schlaganfall in der *linken* Gehirnhälfte, so kann die *rechte* Körperseite gelähmt werden.

Der Lesestreß kommt nun – wenn überhaupt – auf, wenn sich die Augen aus dem linken Feld (rechte Gehirnhälfte aktiviert) auf die Mittellinie zubewegen. Bevor der linken Gehirnhälfte die entsprechende Kontrolle übertragen werden kann (um im rechten Gesichtsfeld zu sehen), ist die Mittellinie überschritten. Dadurch wird das Corpus callosum aktiviert. Funktioniert das Corpus callosum nun nicht richtig, dann tauchen Probleme auf. Sie können vom Neulesen-Müssen der Zeile bis zur völligen Leseunfähigkeit reichen. Auch das Verdrehen von Buchstaben, wie „b" statt „d" oder das Sehen und Schreiben eines umgekehrten „e" sind möglich.

Auch das *Namengedächtnis* bei älteren Menschen hat ganz eindeutig mit dieser Art von Problem zu tun. Wir haben entdeckt, daß dies oft im Alter von etwa 40 Jahren ein Problem zu werden beginnt. Forschungen an Personen mit Lobotomien oder chirurgischer Trennung der Gehirnhälften zeigen, daß diese einen Gegenstand zwar „erkennen", wenn sie ihn im linken Gesichtsfeld sehen oder wenn er auf dieser Seite in der Hand gehalten wird, ihn aber *möglicherweise nicht benennen* können! Sieht man einen Gegenstand im linken Gesichtsfeld oder hält ihn in der linken Hand, wird die rechte Gehirnhälfte aktiviert. Die Person kann ihn tatsächlich vor ihrem „geistigen Auge" sehen. Aber sie *kann ihn nicht benennen*, denn die rechte Hälfte kann das Signal nicht auf die linke übertragen, wo die Sprachfunktionen sitzen! Die beiden Hälften können einfach nicht richtig miteinander kommunizieren! Die unterschiedlichen Erscheinungsformen von Leseschwierigkeiten und anderen cerebralen Problemen können sich aufgrund einer dauerhaften Fehlfunktion des Corpus callosum ausbilden. (Beachten Sie, daß den Orientalen, die vertikal lesen, der Streß des horizontalen Lesens erspart bleibt.)

Die Gehirnhälftenintegration gehört zu den instabilsten Energiesystemen des Körpers und ist daher am schwierigsten aufrechtzuerhalten. Deshalb sind einige super-gesunde Athleten dafür bekannt, dyslektisch zu sein. Ist jemand mit einer Leseschwäche sonst vollkommen gesund, wie etwa ein olympischer Sportler, ist die Herz-Integration zweifellos vorhanden. Es gibt eine innere, das

Gleichgewicht erhaltende Hierarchie im Körper. Unter Streß büßt
der Körper die am wenigsten lebensnotwendigen Mechanismen
*zuerst* ein. Offensichtlich ist der „Schaltkreis" der Herz-Integration
wesentlich wichtiger als derjenige der Gehirnintegration. Gewöhnlich haben Menschen ohne Herz-Integration auch keine Gehirnintegration, und *nicht* umgekehrt. *Bei älteren Menschen ist das
anders.* Vielen von ihnen fehlt „nur" der Herz-Integrations-
„Schaltkreis".

Lassen Sie uns nun zu der faszinierenden, aber einfachen Übung
des Überkreuzens zurückkehren. „Überkreuzen" bedeutet, die
rechte und die linke Körperseite gleichzeitig zu benutzen. Gehen
und Laufen sind solche Überkreuzabläufe. Einige Aerobic-Übun-
gen und die richtige Skilauftechnik bestehen auch aus Überkreuzbewegungen. Schauen Sie einmal, wie viele Menschen damit Schwierigkeiten haben. Bei der Gymnastik bleiben die landesweiten
Ski-Asse oft untätig! Dr. Doman und Dr. Delacato aus Pennsylva-
nien haben als erste vor über 40 Jahren Überkreuz-Techniken bei
Menschen mit Lernproblemen oder neurologischen Störungen eingesetzt. Diese mußten den rechten Arm und das linke Bein gleichzeitig anheben, dann wieder fallen lassen und dasselbe mit dem linken Arm und dem rechten Bein wiederholen. Der Autor stieß 1983
auf dieses Gebiet und entwickelte 1984 die folgende Gehirnhälften-
Integrations-Übung.

## Gehirn-Integrations-Übung

1. Beginnen Sie zu summen. (Ein paar Menschen müssen statt dessen vielleicht laut zählen. Machen Sie zuerst die ganze Übung
   durch und summen dabei. Sie können sie dann noch einmal
   durchführen und dabei zählen.)

2. Machen Sie eine Überkreuz-Bewegung, indem Sie mit der rechten Hand über das linke Knie fassen (wobei Sie das Knie anheben). Halten Sie den Arm die ganze Zeit (im Ellenbogen) gerade
   (siehe Abbildungen 19 und 20).

3. Lassen Sie Hand und Fuß nach der Berührung fallen.

4. Dann machen Sie dasselbe noch einmal mit der linken Hand und
   dem rechten Bein.

5. Wiederholen Sie dies eine oder zwei Minuten lang. *Das ist wie
   Gehen auf der Stelle.*

6. Während der Übung benutzen Sie nacheinander jeweils die gegenüberliegenden Arme und Beine. Machen Sie zuerst eine Zeitlang die Schritte 1-6, bevor Sie Schritt 7 dazunehmen.

7. Der letzte Schritt besteht darin, daß Sie langsam mit den Augen die Endpunkte eines vor Ihnen befindlichen imaginären Kreises verfolgen, wobei Sie die Übung fortsetzen. Zuerst im Uhrzeigersinn, dann gegen den Uhrzeigersinn. Wenn Sie schwindlig werden, hören Sie auf und sehen Sie nacheinander auf die acht diagonalen Endpunkte des Kreises.

**Abbildungen 19 und 20:** *Die Gehirn-Integrations-Übung*
*Fassen Sie auf die abgewandte Seite des gegenüberliegenden Knies; benutzen Sie die jeweils gegenüberliegenden Arme und Beine. Wie Gehen!*
*Linkes Bild: Eine Hälfte – die Kombination rechter Arm/linkes Bein.*
*Rechtes Bild: Die zweite Hälfte – die Kombination linker Arm/rechtes Bein.*

Vielleicht möchten Sie die Übung vor einem Spiegel machen oder hätten gerne jemanden, der Ihnen zusieht, wenn Sie unkonzentriert sind. Wenn Sie den Arm und das Bein derselben Seite berühren wollen, kann das ein Zeichen für eine „dyslektische Tendenz" sein. Dies ist der Wunsch, eine gleichseitige Bewegungsübung durchzuführen, da „überkreuzen" noch nicht „angeschaltet" ist.

Wenn Sie möchten, können Sie alles langsam machen. Ihr Partner kann vor Ihnen stehen und den Kreis mit der Hand oder einem Bleistift vorgeben. Halten Sie den Kopf streng geradeaus, folgen Sie nur mit den Augen. Diese Augenrotation macht sich die Tatsache zunutze, daß verschiedene Gehirnregionen aktiviert werden, während die Augen in verschiedene entsprechende Richtungen blicken.

Vielleicht möchten Sie vor und nach der Korrektur laut lesen. Vielleicht wollen Sie das sogar auf Band aufnehmen, denn einige Menschen reagieren gegenüber schnellen Verbesserungen ungläubig! Diese Übung kann dazu beitragen, die „klassische Dyslexie" und auch kleinere Lese- und Gedächtnisprobleme zu vermindern! Die Angewandte Kinesiologie kann bei Bedarf weitere Techniken für diese Probleme anbieten.

*Hören Sie jetzt auf zu lesen! Machen Sie diese einfache Korrektur bitte jetzt!*

Ist man einmal „angeschaltet", kann die Überkreuztechnik sehr nützlich sein. Diese Korrektur ist, wie die vorherigen, nicht „dauerhaft". Führen Sie sie so oft wie möglich durch. Einige Kinesiologen haben einen Erfolg bei Menschen mit Krankheiten wie Parkinson oder Alzheimer gesehen, doch diese Patienten brauchen natürlich auch Unterstützung bei der Ernährung und in anderer Weise.

Die Gehirn-Integrations-Übungen sind für all diejenigen nützlich, die bis jenseits der 90 geistig rege sein wollen. Man sollte sie zweimal täglich jeweils mindestens zwei Minuten lang machen. Sie länger zu machen ist aber meist besser. Man kann die Übung auch im Bett durchführen, wenn es sein muß. Sie fühlen sich wahrscheinlich klarer und energiegeladener, koordinierter und ausgeglichener. Natürlich werden Sie mehr lesen und besser behalten können. Sie korrigieren, was man unter Kinesiologen als *neurologische Desorganisation* bezeichnet.

Wie funktioniert nun unsere Gehirnhälften-Integrations-Übung? Die Theorie des Autors ist, daß man, um den Mangel an Integration der Gehirnhälften zu korrigieren, die rechte Gehirnhälfte und das Corpus callosum *gleichzeitig* aktivieren muß. Genau das machen wir mit dieser Übung. Jede Überkreuzübung aktiviert das Corpus callosum. Deshalb sind Überkreuzbewegungen für Dyslektiker ja so schwierig. Das Summen aktiviert insbesondere die rechte Gehirnhälfte. Erinnern Sie sich: Die Angewandte Kinesiologie geht von einer spezifischen Muskel-Meridian-Organ-Verbindung aus. Die spezielle Handbewegung (das Berühren des gegenüberliegenden Knies) nutzt den Supraspinatus-Muskel, der nach Auffassung der Angewandten Kinesiologie mit dem Gehirn verbunden ist [29]. So wie die Herz-Integrations-Übungen den Subscapularis-Muskel nutzten, der mit dem Herzmeridian [30] und dem Herzen selbst verbunden ist.

Warum haben gerade heute so viele Menschen ein schlechtes Gedächtnis besonders für Namen, außerdem Leseschwierigkeiten und Probleme mit der Koordination und beim Drehen? Der Autor hat schon früher die Dyslexie und möglicherweise einige andere Probleme mit den Wirkungen zweier Chemikalien in Verbindung gebracht. Dabei handelt es sich um *Formaldehyd und Azetaldehyd*. Beide gehören zur chemischen Klasse der *Aldehyde*. Wie können diese Substanzen die genannten Probleme verursachen?

Die Antwort liegt in der *„Rochlitz-Aldehyd-Dyslexie-Hypothese“* (RADH) [31], die im Dezember 1984 formuliert wurde. Diese Hypothese besagt, daß diese beiden Aldehyde – jedes für sich oder in Kombination – nachteilig auf das Corpus callosum einwirken können. Insbesondere wird die Verbindung dieses Gewebes mit der rechten Gehirnhälfte (seltener der linken) störend beeinflußt. Kinesiologen benutzen den Begriff „abgeschaltet“, den auch einige Neurobiologen benutzen. So ist das Corpus callosum und speziell seine Verbindung mit der rechten Gehirnhälfte bei Menschen mit Problemen der Gehirnhälften-Integration durch ein Aldehyd abgeschaltet (so die Hypothese des Autors). Sowohl von Formaldehyd als auch von Acetaldehyd wird angenommen, daß sie die Acetylcholinrezeptoren der Nervenzellen, der wahrscheinlich wichtigsten Neurotransmitter im Corpus callosum, beeinträchtigen.

Schauen wir uns die Aldehyde genauer an. *Formaldehyd* ist ziemlich gut bekannt. Es ist ein überall vorkommendes Umweltgift. Es ist giftig, allergie- und krebsauslösend; es findet sich in Bau- und Isolationsmaterial, Holzwaren, Kleidung, Schaumkissen, Teppichen, Kosmetikprodukten (in den USA jetzt verboten) und sogar in

Wasser und Milch. Berüchtigt wurde es auch nach dem arabischen Ölembargo von 1973. Formaldehydschaum wurde in vielen Häusern als Isolationsmaterial verwendet. Daraufhin gab es vielerlei Beschwerden, von Kopfschmerzen bis zu Venenentzündung! Formaldehyd wird auch bei der Konservierung von Leichen verwendet. Mehrere Ärzte erzählten uns, daß Allergien und Gesundheitsprobleme während des ersten Studienjahres begannen, als sie intensiv an Leichen arbeiteten. Man hat sogar festgestellt, daß die Unfähigkeit einiger angehender Ärzte, ein komplettes Bild zu sehen, damit zusammenhängen kann, daß die Integration der Gehirnhälften verloren gegangen ist.

Formaldehyd wird auch aus dem künstlichen Süßungsmittel Aspartame gebildet. Aspartame enthält die Aminosäuren Aspartat und Phenylalanin und außerdem 10% Methanol. Methanol ist der Fuselalkohol, an dem Menschen starben oder erblindeten, als der übliche Alkohol (Ethanol) während der amerikanischen Prohibition in den 20er Jahren verboten war. Das Methanol wird im Körper in Formaldehyd umgewandelt. Neuere Forschungen weisen darauf hin, daß viele Menschen durch Genuß von Aspartame neurologische und andere Symptome bekommen [32][33][34][35].

Formaldehyd wird auch im Körper hergestellt. Es ist ein Abfallprodukt des Stoffwechsels (wie beim Aminosäure-Stoffwechsel) und, so die berechtigten Hoffnungen, kurzlebig.

*Acetaldehyd* hat mehrere bekannte Quellen. Es ist ein Abfallprodukt von Hefen und Pilzen. Im Laufe des Alterungsprozesses entwickeln viele Menschen ein (subklinisches) übermäßiges Wachstum von Hefen. Acetaldehyd wird auch im Zigarettenrauch, im Smog (einschließlich der Autoabgase) und in alkoholischen Getränken gefunden. Es ist vermutlich wesentlich schädlicher für den Körper als Formaldehyd. Viele junge Menschen haben aus folgendem Grund ein Gehirnhälften-Integrations-Problem: Ist eine schwangere Frau (möglicherweise ohne es zu wissen) vom Candida-Pilz befallen (siehe Anhang A), kann das Kind mit einer *lebenslangen* Neigung zu Dyslexie, Hyperaktivität oder anderen Problemen wie Übelkeit beim Autofahren, Allergien, usw. geboren werden. Bei älteren Mitbürgern kann sich die Candida-Problematik im späteren Leben entwickeln, wenn das Immunsystem schwächer wird.

Das Candida-Problem der Mutter betrifft häufig die Scheide

oder die Gebärmutter, doch das muß nicht der Grund für eine dyslektische Störung beim Kind sein, da Acetaldehyd sehr flüchtig ist,
ins Blut übertreten und überall hingelangen kann. So könnte auch
eine Candida-Wucherung im Darm die Ursache sein. Das Acetaldehyd könnte die Gehirnintegration „abschalten", bevor das Kind
überhaupt eine Chance bekommt. Wie schon gesagt ist es kein
Zufall, daß die weite Verbreitung von Dyslexie und Hyperaktivität
bei Kindern gleichzeitig mit der Verbreitung von Candida-Problemen in der Scheide und in anderen Regionen bei den Müttern dieser Kinder auftritt! Ist das Baby sonst genetisch stark, so tritt wohl
keine andere Krankheit auf.

Eine unserer Vorhersagen von 1984 ist eingetroffen. Forscher
[36][37] haben herausgefunden, daß Acetaldehyd tatsächlich die
Plazentaschwelle überschreitet und Gehirnschäden beim Fötus verursacht. Die Studie betraf Acetaldehyd in alkoholischen Getränken.
(Deshalb müssen Bars (in den USA) ein deutlich sichtbares Warn-
schild anbringen, daß schwangere Frauen keinen Alkohol trinken
sollen.) Das gleiche gilt jedoch eindeutig auch für Acetaldehyd, das
durch Candida-Wucherungen im Körper der Mutter gebildet worden ist.

Es gibt auch eine Verbindung über die Ernährung. Das Anti-
Aldehydmineral Molybdän kann zur Aufrechterhaltung Ihrer
Gehirnhälftenintegration sehr nützlich sein. Molybdän wird von
der Leber aufgenommen, um Entgiftungsenzyme für Aldehyde zu
bilden [38]. Jeder, der braune „Leberflecken" hat, sollte sich überlegen, ob er hefefreie Molybdänzusätze einnimmt. Diese Substanz
sollte zumindest in Ihren Multimineralzusätzen enthalten sein.

Die Zellen des Corpus callosum haben, wie alle Gehirnzellen,
eine hohe Stoffwechselaktivität. Daher brauchen sie viel Sauerstoff
und Glucose. Unterzuckerung und ein niedriger Sauerstoffpegel
können zweifellos zur Fehlfunktion des Corpus callosum führen.

Vor kurzem hat man herausgefunden, daß Pestizide und chemische Lösungsmittel Lernen und Gedächtnis beeinträchtigen [39];
Formaldehyd ist einer dieser Stoffe. Meiden Sie Teppiche, die
Formaldehyd und Pestizide ausgasen. Dieselben Chemikalien, insbesondere die Pestizide, werden mit der Alzheimer und der Parkin-
sonschen Krankheit sowie anderen degenerativen Gehirn-
erkrankungen in Verbindung gebracht.

# Kapitel 9
# Wie man chronische Erschöpfung schnell überwindet

Wenn wir lange genug leben, können wir irgendwann einmal mit chronischer Erschöpfung zu tun bekommen. Solche Erchöpfung wird meiner Erfahrung nach am häufigsten zum Anlaß für einen Arztbesuch genommen. Der Grund dafür liegt meiner Ansicht nach zum Teil an den *dürftigen* Ergebnissen solcher Besuche, womit dann weitere nötig werden. Auch die meisten Arbeiten zu diesem Thema lassen viele Wünsche offen. Es wird in unterschiedlichen Variationen behauptet, daß alles in erster Linie psychisch sei, daß Sie lernen sollten, damit zu leben, daß Sie einfach weiter zu denselben Ärzten gehen oder dieselben Medikamente oder Vitamine nehmen sollten. Wir stellen aber fest, daß die Giftigkeit von Medikamenten und daß Vitaminallergien tatsächlich einige dieser Beschwerden verursachen können! (Mit der Einnahme von Nahrungsergänzungen, die Bierhefe enthielten, begannen schwere Gesundheitsprobleme für den Autor.)

Wir werden hier unsere eigenen Erkenntnisse zur chronischen Müdigkeit darlegen. Ja, wir werden Ihnen auch sagen *und* zeigen, was Sie dagegen tun können. Wieder nehmen wir an, daß Sie zuerst von einem Arzt auf die vielen Krankheiten hin untersucht worden sind, die diese allgemeinen Beschwerden verursachen können, und daß *diese ausgeschlossen wurden.*

## Neuere Ursachen für chronische Müdigkeit :

- Falscher Blutzuckerspiegel

- Allergien

- Candida-Erkrankung (Soor)

- Epstein-Barr-Virus (oder andere Viren)

- Parasiten

- Wetterfühligkeit

- Schlafstörungen

- Dumpingsyndrom

- Hypothalamusreaktionen

- Magnesiummangel

- Energieimbalance

- Fehlhaltung des Kopfes

- Gleichgewichtsstörungen

Müdigkeit aufgrund eines niedrigen Blutzuckerspiegels zeigt sich oft als Müdigkeit oder Schläfrigkeit am Nachmittag. Auch morgendliche Müdigkeit ist häufig. Konzentrationsschwäche oder Schwindel kann damit verbunden sein. Menschen mit solchen Beschwerden haben meist ein heftiges Verlangen nach Süßem – und oft auch nach Koffein und möglicherweise nach Nikotin, wodurch *ein Großteil ihrer Probleme verursacht wird!* Wenn der Blutzuckerspiegel zu weit abfällt oder zu schnell ansteigt und dann wieder fällt, schütten die Nebennieren zu viel Adrenalin und andere Hormone aus. Daher haben viele Menschen mit zu niedrigem Blutzuckerspiegel (Hypoglykämie) Ängste, Phobien, Gefühle von Unsicherheit oder drohendem Unheil.

Auch Nahrungsmittelallergien und Allergien auf Chemikalien können Müdigkeit verursachen. Anfänglich erlebt man oft ein *Hochgefühl*, dem eine gegenläufige Phase in Form von Müdigkeit, Depressionen, Kopfschmerzen oder Arthritis folgt, je nachdem, wie alt man ist und wie oft man die Allergene aufgenommen hat. Ein Organ im Gehirn, der Hypothalamus, hat auf seinen Zellen viele Histaminrezeptoren. Wenn Histamin aus einer allergischen Reaktion zum Hypothalamus gelangt, können eine oder alle der folgenden Reaktionen eintreten: Schlafstörungen, Depression, Heißhunger auf Nahrungsmittel, Gewichtszunahme und Wassereinlagerungen. Der Hypothalamus reguliert nämlich diese Funktionen. Hier besteht eine Abhängigkeit von Nahrungsmitteln, die nicht unbedingt Süßes oder Hefe oder Schimmel enthalten müssen. Nehmen Sie keine Nahrungsmittel zu sich, die Sie „high" machen, denn diese werden Sie flachlegen. Auf Kursen sagen wir zum Spaß: „Essen Sie von Dingen, die Sie nicht mögen, soviel Sie wollen." Wenn Sie gewisse Nahrungsmittel aus Ihrem Ernährungsplan streichen, dann sind immer diejenigen, die Sie nicht streichen, Ihre schlimmsten Allergene! Weil Sie davon auch am meisten abhängig sind, versuchen Sie vielleicht, sich selbst zu täuschen, wie das viele Menschen tun.

Schimmel- und Pollenallergien allein können Müdigkeit verursachen. Der Autor erlebte als kleines Kind extreme Müdigkeit im Frühjahr durch Baumpollen. Erst viele Jahre später, als Heuschnupfensymptome zur Müdigkeit dazukamen, wurde mir das klar. Es ist typisch, Allergiker wollen davon nichts wissen.

Die Abhängigkeit von hefe- und schimmelhaltigen Nahrungsmitteln ist oft das Anzeichen eines Candida-Problems. Zu den auslösenden Nahrungsmitteln gehören Käse, alkoholische Getränke (nach denen auch einige Hypoglykämiker und Allergiker ein heftiges Verlangen haben) und alles Gereifte und Fermentierte. Zu letzterem gehört alles mit Essig Zubereitete, wie z. B. Mixed Pickles, Senf, Mayonnaise, Ketchup und Salatsoße. Meiden Sie Süßigkeiten und schimmelhaltige Nahrungsmittel!

Menschen, die mit dem Epstein-Barr-Virus (und/oder anderen chronischen Virenproblemen wie Herpes, Cytomegalievirus, Coxackievirus und anderen) zu tun haben, fühlen sich vielleicht den ganzen Tag über nicht wohl. Oft wird dies durch den Kontakt mit Chemikalien ausgelöst oder verschlechtert. Die Chemikalien ermöglichen dem Virus, sich ungehindert zu vermehren. Meiden Sie alle über die Luft verbreiteten Chemikalien. Die schlimmsten stammen aus Farben, Möbelpolituren, Terpenen und Tungölen (als Holzfirnis verwendet). Menschen mit einem chronischen Virussyndrom haben auch geschwollene Lymphdrüsen, Kopfschmerzen und Störungen in ihrem Schlafrhythmus.

Auf lange Sicht wird es Ihnen nützen, wenn Sie sich dazu entschließen, die Übungen zu machen. Bauen Sie langsam auf. Auf kurze Sicht werden Sie sogar müder sein und mehr Schmerzen haben. Aber unser Rat auf lange Sicht ist von einer neueren medizinischen Studie bestätigt worden [40]. Wir haben immer gesagt: „Je müder Sie sind, desto mehr müssen Sie üben."

Wenn Sie als „Stubenhocker" nur noch in die „Glotze" schauen,
lassen Sie zu, daß Ihre Nebennieren immer schwächer werden. Es
wurde festgestellt, daß Fernsehen die Menschen auf lange Sicht auch
noch depressiver macht [41]. Und aufgrund all der in diesem Kapitel genannten Faktoren ist es entscheidend, daß Koffein völlig aus
Ihrem Leben verschwindet. Wir haben die ganz neue Entdeckung
gemacht, daß Koffein den Nebennierenmeridian in einem schwachen Zustand „einfriert". Sagen Sie sich also für immer vom Koffein los!

Chronisch an Viren Leidenden wird durch die Einnahme von
Magnesiumpräparaten oft sehr geholfen. Dies ist ein Fall, wo
Ernährungsratschläge einen Teil des Problems verursacht haben.
Denn mehrere Jahrzehnte lang wurde die Einnahme von Präparaten
mit Calcium und Magnesium im Verhältnis 2:1 von Ernährungsfachleuten empfohlen. *Dadurch bekamen viele Menschen Magnesiummangel.* Das ist bis heute so. Viele Menschen müssen aber Calcium und Magnesium im Verhältnis 1:1 nehmen, also beides in
gleicher Menge. Überschüssiges Calcium verursacht nämlich
tatsächlich einen Magnesiummangel. Im Laufe des Alterns müssen
wir uns um die entsprechende Calciumversorgung für unsere Knochen kümmern, doch wenn Müdigkeit für Sie ein Thema ist, kann es
sein, daß Sie genau so viel Magnesium wie Calcium brauchen. Sehen
Sie also alle Ihre Nahrungsergänzungen durch, einschließlich Vit-
amine/Mineralien und Calcium/Magnesium.

Der Autor hat festgestellt, daß viele Menschen *wetterfühlig* sind,
ohne es zu wissen [42]. Man kennt das Bild des Arthritikers, der die
Schmerzen in seinen Gelenken spürt, manchmal schon einen Tag
bevor es wirklich zu regnen beginnt. Der Grund liegt meist in einem
Luftdruckabfall (der manchmal von einem Anstieg der Luftfeuch-
tigkeit begleitet wird). Doch wir haben festgestellt, daß auf jeden
Menschen mit arthritischen Beschwerden fünf bis zehn oder mehr
Menschen kommen, die unter Müdigkeit und Abgespanntheit leiden, wenn eine Wetterfront durchzieht. Sie können über den
Zusammenhang zwischen Ihrer Müdigkeit und den Änderungen
des Luftdrucks Tagebuch führen, indem Sie sich über das Wetteramt
oder durch Radio und Fernsehen informieren. Eine zusätzliche
Ursache für diese Beschwerden kann der starke Anstieg von
Schimmel in der Luft sein, sobald die Luftfeuchtigkeit ansteigt. Wet-
terfühlige Menschen sind nur dann wohlauf und energiegeladen,

wenn das Wetter klar und trocken und der Himmel wunderbar blau ist.

Empfohlen wird hier, das Natrium in der Nahrung einzuschränken, da Natrium zu extremen Hirnödemen führen kann. Meiden Sie Ihre Nahrungsmittelallergene; wir haben herausgefunden, daß Getreide (wie Weizen) dieses Problem verursachen oder verschlimmern kann. Lassen Sie sich auf Candida und Parasiten untersuchen, da diese hier auch eine Rolle spielen können. Manche wünschen sich vielleicht, in eine Wüste wie im amerikanischen Südwesten auszuwandern. Aber alle oben angegebenen Veränderungen reichen vielleicht aus, um des Problems Herr zu werden.

Eine Schlafstörung kann durch einen oder alle der folgenden Faktoren hervorgerufen werden: Viren, Nahrungsmittel-, Chemikalien- oder Pollenallergie, zu niedriger Blutzuckerspiegel und Fehlstellungen der Schädelknochen. Solche Fehlstellungen können von einem erfahrenen Chiropraktiker oder Osteopathen korrigiert werden. Der Schädel besteht nicht nur aus *einem* Knochen; er setzt sich aus vielen Platten zusammen, die sich in unserem Atemrhythmus aufeinander zu- und voneinander wegbewegen. Diese Platten können leicht „steckenbleiben", wodurch verschiedene Symptome entstehen können. Eine richtige Schädeleinstellung ist sehr hilfreich für MS-Kranke, Dyslektiker, Schlaganfall- und Kopfschmerzpatienten sowie für solche, die an Grünem Star oder chronischer Müdigkeit leiden. Die meisten Chiropraktiker und Osteopathen stellen nur die Wirbelsäule ein. Suchen Sie sich einen Fachmann, vielleicht durch die Gelben Seiten.

Wir haben auch das *Dumpingsyndrom* als eine Ursache für Müdigkeit ausgemacht. Es tritt dann auf, wenn der Schließmuskel zwischen Magen und Dünndarm krampft und sich zu weit öffnet. Dann wird der Mageninhalt schnell und in großen Mengen in den Dünndarm befördert. Dort sammelt sich dann das Blut, wodurch das Blutvolumen *zum Gehirn* abfällt – die sog. hypovolämische Reaktion. Sie fühlen sich müde oder werden blaß. In medizinischen Texten wird behauptet, diese Beschwerden kämen nur bei Patienten vor, denen kurz vorher ein Teil des Magens entfernt worden ist. Aber wir haben festgestellt, daß *Koffein, Zucker, Milchprodukte* und andere Allergene diese Reaktion hervorrufen können. Meiden Sie diese Stoffe und verzichten Sie auf kohlensäurehaltige Getränke, da

der zusätzliche Gasdruck ein weiterer begünstigender Faktor sein
kann. Haben Sie sich jemals rundum müde oder benebelt gefühlt
und festgestellt, daß dieses Gefühl nach dem Aufstoßen ver-
schwand? Dies kann ein weiteres Zeichen für das Dumpingsyndrom
sein, das sehr häufig morgens auftritt.

Haben Sie außer Ihrer Müdigkeit noch Gleichgewichtsstörungen, eine schlechte Koordinationsfähigkeit und können Sie sich
nicht sicher drehen, konnten Sie als Kind bei Kreisspielen nicht mitmachen oder wurde es Ihnen beim Autofahren übel? Diese Dinge
können tatsächlich *in kurzer Zeit* mit einigen Techniken der Angewandten Kinesiologie behoben werden. Die Gehirnhälften-Integrations-Übung gehört zu diesen hilfreichen Techniken. Die anderen
Techniken heißen Pitch-, Roll- und Yaw-Korrekturen. Sie gehen
über den Rahmen dieses Buches hinaus. (Man kann sie lernen durch
das Buch „*Die fehlende Dimension: Energiebalance. Mit Kinesiologie gegen Allergien und Candida*" vom selben Autor [4]). Am Ende
dieses Kapitels werden wir einige Techniken aus der Angewandten
Kinesiologie beschreiben, die Sie durchführen können. Dies wird
wahrscheinlich Ihr Energieniveau sofort anheben. Auch hier haben
wir wieder angenommen, daß Ihr Arzt eine Krankheit bei Ihnen
ausgeschlossen hat.

Schließlich erwähnen wir noch, daß die Schulmedizin endlich
das chronische Erschöpfungssyndrom anerkannt hat. Wie wir in
unserem ersten Buch vorausgesagt haben, hat es dort einen eigenen
Namen bekommen: Fibromyalgie oder Fibromyositis, um anzuzei-
gen, daß die Patienten oft starke Müdigkeit und Schmerzen in den
Muskeln verspüren. In der Tat haben Schulmediziner Schmerz-
punkte am Körper von Fibromyalgiepatienten beschrieben. Sie
empfehlen, diese Punkte niemals zu berühren. Dies erweist sich als
ziemlich absurd, sind doch die meisten dieser Punkte aus der Angewandten Kinesiologie als neurolymphatische Punkte bekannt. Um
es kurz zu machen, viele dieser Menschen können erst genesen,
wenn sie an diesen Punkten stimuliert werden [43]!

# Drei Faktoren als Ursachen für Müdigkeit

1. Unterschiedliche Beschwerden

2. Gegenwärtige(r) Allergietyp(en)

3. Heftiges Verlangen oder Abhängigkeit von verschiedenen Dingen

Dieses Kapitel kann Ihnen dabei helfen, die Ursache Ihrer Müdigkeit zu bestimmen – der häufigsten Beschwerde überhaupt. Die „unterschiedlichen Beschwerden" (siehe Nr. 1 oben) bedeuten, daß Sie nach Problemen suchen müssen, die nichts mit Müdigkeit zu tun haben und die für jeden möglichen Faktor spezifisch sind. Beispielsweise verursacht das chronische Epstein-Barr-Virus (und andere) meist geschwollene Lymphknoten, während andere Verursacher dies wahrscheinlich nicht tun. Unter dem Allergietyp (Nr. 2) versteht man, daß man die Allergie/Mikroorganismus-Verbindung (siehe unten) nutzen soll. Der dritte Faktor bezieht sich auf die Art von Nahrungsmitteln, von denen Sie abhängig sind und die mögliche Ursachen für Ihre Müdigkeit sind. Wenn Sie nur unter Unterzuckerung leiden, wird Ihr heftiges Verlangen auf Süßigkeiten (und vielleicht einige andere Allergene) gerichtet sein. Haben Sie eine Candida-Erkrankung, werden Sie außer nach Süßigkeiten auch nach Nahrungsmitteln mit Hefe und Schimmel verlangen. Eine Abhängigkeit von Nahrungsmitteln in anderen Kategorien legt Allergien nahe und den Verdacht, daß Sie diese zu oft essen.

# Die Verbindung Allergietyp – Mikroorganismus

• Nur Chemikalienallergien bringen eine durch Viren verursachte Störung mit sich.

• Nur Nahrungsmittelallergien bringen es mit sich, daß man bestimmte Nahrungsmittel zu oft ißt.

• Nur Pollen bringen eine Candida-Erkrankung mit sich.

• Universelle Allergien bringen eine Candida-Erkrankung mit sich.

Diese Liste ist einfach und bemerkenswert in bezug auf ihren Inhalt. Das Schlüsselwort ist „nur". Wenn Sie *wirklich nur* Chemikalienallergien haben und sicher sind, daß Sie keine Pollen- oder Nahrungsmittelallergie haben, kann ein chronisches Virus der Grund sein. Haben Sie *nur* Pollenallergien, bedeutet das eine Candida-Erkrankung, und wenn Sie *nur* Nahrungsmittelallergien haben und keine Chemikalien- oder Pollenallergie, so heißt das, daß Sie solche Nahrungsmittel zu oft essen. Haben Sie alle Typen von Allergien, so bedeutet das eine Candida-Erkrankung (möglicherweise begleitet vom chronischen Epstein-Barr-Virus oder einem anderen). Dies ist jedoch kein Ersatz für eine korrekte Testung.

Wir sind nun so weit, daß wir Ihnen einige wirkungsvolle Techniken aus der Angewandten Kinesiologie zeigen können, die Ihnen bei der Überwindung Ihrer chronischen Müdigkeit helfen werden. Zuerst werden wir Ihr Herz aufladen und die Blut- und Nervenenergie mit der Meta-Maestro-Übung zum Fließen bringen.

## Meta-Maestro-Übung

1. Beginnen Sie zu summen und behalten Sie das Summen bei. (Manche Menschen zählen. Führen Sie die Übung zuerst ganz unter Summen durch. Wenn Sie keine Besserung spüren oder sehen, fangen Sie noch einmal an und zählen Sie dabei laut.)

2. Nehmen Sie die Ellbogen hoch und ein wenig nach außen, kreisen Sie mit Ihren Händen in der Form von zwei mit dem Rücken zueinander liegenden „C".

3. Nehmen Sie die kreisende Augenbewegung dazu. Wenn Sie schwindlig werden, hören Sie auf und versuchen statt dessen, auf die diagonalen Endpunkte zu sehen, während Sie diese Übung machen. Bis hierhin ist dies nur die Maestro-Übung.

4. Bewegen Sie nun Ihre Beine zusammen und auseinander im Rhythmus Ihrer Hände. Dies ist eine Variante des „Hampelmann". Beginnen Sie mit erhobenen Händen und nebeneinandergestellten Füßen. Wenn die Hände nach unten außen kommen, hüpfen die Beine auseinander.

5. Wenn die Hände wieder nach oben und außen gehen und sich zueinander drehen, hüpfen die Füße wieder zusammen.

6. Wiederholen Sie die Schritte 1-5 zwei Minuten lang durchgehend. Nach kurzer Zeit sollte diese Übung flüssig gehen und keine holprige Schritt-für-Schritt-Übung mehr sein.

**Abbildungen 21 und 22:** *Meta-Maestro-Übung*

# Gehirn-Integrations-Übung

Als nächstes werden wir auf Ihre „Kommandozentrale feuern", damit Ihre beiden Gehirnhälften zusammenarbeiten. Dies wird den Fluß der Nervenenergie durch Ihren Körper (wenn auch auf kaum merkliche Weise) optimieren.

1. Beginnen Sie zu summen. (Manche Menschen müssen zählen. Sie können bei dieser Übung zuerst das eine und dann das andere machen.) Machen Sie eine Überkreuz-Bewegung, indem Sie mit der rechten Hand hinüber zum linken Knie fassen (wobei das Knie vom Boden abgehoben ist). Halten Sie den Arm die ganze Zeit (im Ellenbogen) gerade (siehe Abbildung 23 und 24).

2. Lassen Sie die Hand und das Bein fallen, sobald sie sich berührt haben.

3. Wiederholen Sie dasselbe mit der linken Hand und dem rechten Bein.

4. Wiederholen Sie dies wechselseitig eine oder zwei Minuten lang.

5. Während der Übung benutzen Sie abwechselnd jedes Paar der gegenüberliegenden Arme und Beine. Machen Sie die Schritte 1–5 eine Zeitlang, bevor Sie Schritt 6 dazunehmen.

6. Der letzte Schritt besteht darin, daß Sie langsam alle Punkte auf einem großen Kreis vor Ihnen verfolgen, während Sie weiterüben. Schauen Sie zuerst im Uhrzeigersinn, dann gegen den Uhrzeigersinn darauf. Wenn Sie schwindlig werden, hören Sie auf und versuchen, die Endpunkte der Diagonalen zu sehen, während Sie die Übung machen.

 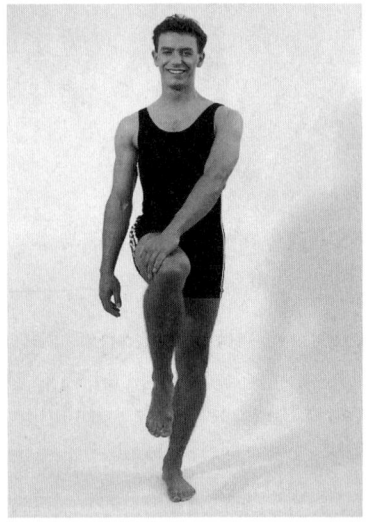

**Abbildungen 23 und 24:** *Gehirn-Integrations-Übung.*
*Berühren Sie die abgewandte Seite des entgegengesetzten Knies; benutzen Sie jeweils die gegenüberliegenden Arme und Beine. Wie beim Gehen!*
*Links: Eine Hälfte – die Kombination rechter Arm und linkes Bein.*
*Rechts: Zweite Hälfte – Die Kombination linker Arm und rechtes Bein.*

Die Korrektur Ihrer Gangkoordinations-Reflexe wird alle müden Füße aufwecken und Sie werden staunen, was dies für Ihre gesamte Müdigkeit bedeutet!

## Gangkoordinations-Reflexe

Diese Korrektur wird durch heftiges Reiben an den in Abbildung 25 gezeigten Punkten durchgeführt. Diese befinden sich nicht zwischen den Zehen, sondern ungefähr 1 cm zum Fußrücken hin, zwischen den Strecksehnen der Zehenknochen und am Ballen (nicht abgebildet).

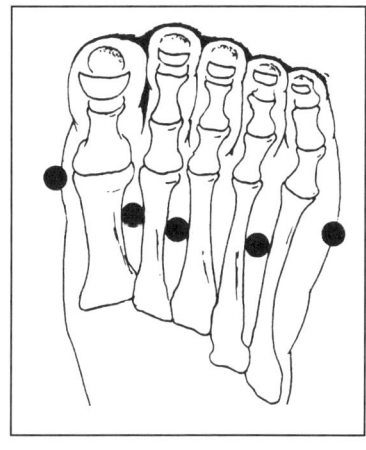

**Abbildung 25:**
*Gangkoordinations-Reflexpunkte.
Der Ballen (nicht abgebildet) gehört
dazu.*

Wenn man die Ohren „einschaltet", verbessert sich der Energiepegel oft um ein ganzes Drittel. Sie korrigieren gleichzeitig (innerlich) Akupunkturpunkte am Meridian und Chakra-Energien (Nervenknoten). Ihrem müden oder schmerzhaften Nacken kann das auch guttun.

## Die Ohren „einschalten"

1. Die Korrektur (siehe Abbildung 26) besteht darin, daß Sie den äußeren Teil des Ohres von innen nach außen *ausstreichen*, wobei Sie im Uhrzeigersinn einmal ganz herumgehen.

2. Machen Sie das fünf Mal an beiden Ohren.

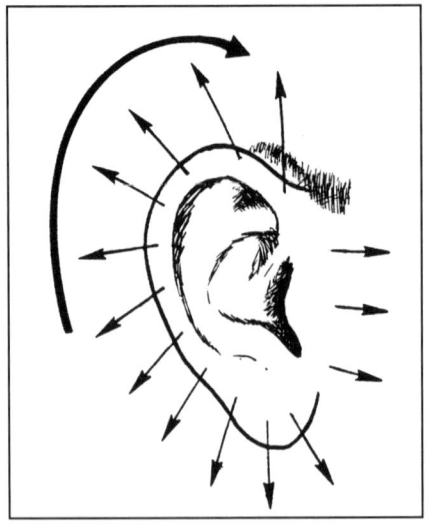

**Abbildung 26:**
*Die Ohren „einschalten"*

Schließlich haben wir noch eine Korrektur, mit der Sie über die Energiebalance Ihren Blutzucker wieder einstellen können. Wahrscheinlich sind Sie erstaunt, wie schnell Sie sich weniger müde fühlen, wenn die Imbalance der Blutzuckerenergie die Ursache für Ihre Müdigkeit war.

## Blutzucker-Energie-Balance

1. Diese Balance besteht in einem gleichzeitigen Beklopfen zweier Punkte mit beiden Händen und mäßigem Druck.

2. Eine Hand beklopft einen der beiden Punkte Ni 27 (der Punkt Niere 27 aus der Akupunktur). Dieser Punkt befindet sich gleich unter dem Schlüsselbein neben dem Brustbein, wie in Abbildung 27 gezeigt.

3. Der andere Punkt ist MP 21 (der Punkt Milz-Pankreas 21 aus der Akupunktur). Dieser Punkt liegt an der Seite der Rippen, wie abgebildet. Sie finden ihn, wenn Sie den gebeugten Ellenbogen an die Seite halten. Der Punkt MP 21 ist dort, wo die innere Ellenbogenfalte die Rippen berührt.

4. Die Korrektur besteht darin, daß Sie mit einer Hand einen MP 21 und mit der anderen gleichzeitig einen Ni 27 beklopfen.

5. Beklopfen Sie den *linken* MP 21 zusammen mit dem *linken* Ni 27 dreißig Sekunden lang. Dann den *linken* MP 21 zusammen mit dem *rechten* Ni 27. Als nächstes den *rechten* MP 21 zusammen mit dem *rechten* Ni 27. Schließlich den *rechten* MP 21 zusammen mit dem *linken* Ni 27. Es sind *vier* beidhändige Klopfabläufe.

6. Beklopfen Sie jeden dieser vier Zweipunktabläufe 30 Mal. Sie können sogar im harmonisierenden Walzertakt klopfen – hart-weich-weich.

Schreiben Sie uns, ob und wie Ihnen diese Methoden bei der Überwindung der chronischen Müdigkeit geholfen haben.

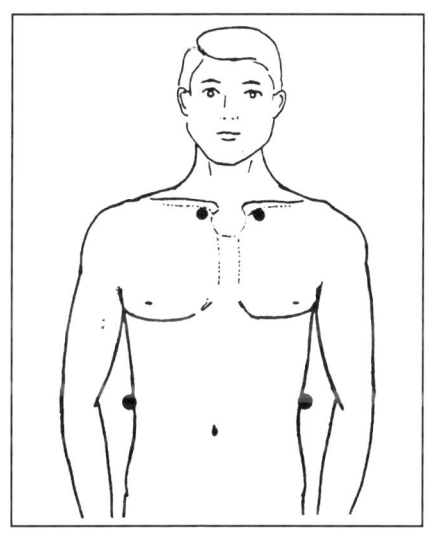

**Abbildung 27:**
*Korrektur der Blutzuckerenergie; für Hypoglykämiker oft sehr hilfreich.*

# Kapitel 10

# Wie Sie Ausdauer, Beweglichkeit und Ihre sportlichen Leistungen in kurzer Zeit verbessern können

Eine der wenigen allgemein anerkannten Methoden zur Lebensverlängerung besteht in lebenslangen aktiven gymnastischen Übungen. Die Menschen, die in verschiedenen Bergregionen, etwa im Himalaja und im Ural, sehr alt werden, sind dafür bekannt, daß sie auch *jenseits* der 90 noch körperlich sehr aktiv sind. Es leuchtet ein, daß die Herz-Kreislauf-Leistung wahrscheinlich ähnlich wie bei den Übungen angekurbelt wird, wenn man sich in hochgelegenen Regionen bewegt. So „üben" diese Bergbewohner eigentlich doppelt so intensiv, wie wenn sie auf Meereshöhe leben würden.

*Achtung: Wenn Sie überhaupt nicht gewöhnt sind, irgendwelche Übungen zu machen, holen Sie sich zuerst die Erlaubnis Ihres Arztes.*

Dieses Kapitel soll Ihnen helfen, Ihre sportlichen Leistungen zu verbessern, ob Sie nun ein Achtzigjähriger (oder älter) sind oder ein zwanzigjähriger olympischer Goldmedaillengewinner. Bedenken Sie, daß jede unserer speziellen Übungen auch im Bett durchgeführt werden kann, wenn das nötig ist (um Sie mit mehr Energie zu versorgen). Sie können *vor*, *während* und *nach* Ihrem normalen Sportprogramm gemacht werden.

Bevor wir uns den bahnbrechenden Techniken aus der Angewandten Kinesiologie zuwenden, müssen wir Sie daran erinnern, daß es wenige Dinge gibt, die Ihre Fähigkeit zum optimalen Üben deutlicher verbessern, als die Feststellung und Beseitigung Ihrer (versteckten) Nahrungsmittelallergien. Allergische Reaktionen verursachen meist leichte Schmerzen in den Muskeln und Gelenken und beeinflussen Ihren Blutzucker negativ. Die Schmerzen können zum Teil auch durch Übersäuerung hervorgerufen werden. Dagegen können Sie vor dem Üben Ihr Körpermilieu durch Karotten-, Sellerie- oder Gurkensaft basischer machen.

Wenn Sie Ihre Nahrungsmittelallergien identifizieren und beseitigen, können Sie länger und intensiver üben, mit weniger Schmerzen und Müdigkeit. Es verhält sich hier ähnlich wie bei jemandem, der einen Autounfall hatte. Wir konnten beobachten, daß einige Menschen nach ihrem Unfall sehr gut auf Angewandte Kinesiologie, Chiropraktik oder Osteopathie ansprachen. Andere wiederum jammerten noch über arthritische Beschwerden, lange nachdem die erste Gruppe – mit ähnlichen Verletzungen – völlig geheilt war. Dies ist auch ein Weg, wie Ihnen Ihr Körper sagt, daß Sie sich auf Allergien testen lassen sollten.

Einige Nahrungsmittel sollte man generell meiden, wenn man seine sportliche Leistung verbessern will. Widerstehen Sie dem Bedürfnis, Ihrem Körper Koffein zuzuführen! Das anfängliche Hoch wird Ihre Nebennieren später schwächen und auf einem niedrigen Niveau einfrieren (oder auf einem höheren, nervösen Niveau, wenn Sie sehr jung sind). Meiden Sie jeden Zucker, da dieser Ihre Bauchspeicheldrüse trotz anfänglichem leichtem Hoch auch negativ beeinflussen wird. Meiden Sie Milchprodukte und Tomaten, um Ihre arthritischen Beschwerden zu reduzieren. Setzen Sie sich sehr sorgfältig mit Ihrem Bedürfnis auseinander, täglich die gleichen Nahrungsmittel essen zu wollen. Dies sind wahrscheinlich Ihre Allergene. Holen Sie sich die meisten Kalorien aus komplexen Kohlehydraten wie Reis, Hirse, Hafer, Buchweizen, Kartoffeln (Arthritiskranke lassen diese weg), Süßkartoffeln, Bohnen und wirklich frischen Keimen und Nüssen, wenn Sie diese bekommen können. Mit Bohnen und Getreide nehmen Sie dann auch genügend Eiweiß auf. Wenn Sie kein Vegetarier sind, nehmen Sie Pute und Fisch hinzu. Wenn Sie etwas sehr Süßes brauchen, essen Sie Obst – wir haben herausgefunden, daß Papaya oft am wenigsten allergen ist – oder trinken fertigen Karottensaft.

Ein Schlüssel zu lebenslanger sportlicher Aktivität liegt darin, daß man eine Übungsform findet, die Spaß macht. Schwimmen ist eine der am wenigsten stressigen Übungsformen für den Körper. Aber viele Menschen reagieren auf das Chlor in Schwimmbädern. Man kann das Wasser mit weniger allergenen Substanzen wie Brom oder, noch besser, Ozon reinigen. Lieben Sie den Wettkampf? Solche Menschen haben vielleicht Freude an Basketball, Squash, Volleyball, Fußball, Football, Tennis und auch Tischtennis. Dabei sind Sie natürlich von Mitspielern abhängig, die Sie beim Schwimmen oder Laufen nicht brauchen. Wenn Sie den Wettkampf nicht mögen, können Sie auch Aerobic in Erwägung ziehen, zusammen mit ein wenig Gewichtstraining. Am wenigsten stressig ist Laufen, wenn man sich ein billiges Minitrampolin anschafft, um damit auf der Stelle zu joggen. Dies ist wenig belastend für Ihre Gelenke und Muskeln und kann Ihr Lymphsystem „auf Trab bringen" und lockern! Wenn irgend möglich, würden wir Kampfsport empfehlen, da diese Aktivitäten viel Dehnen, Yogaähnliches, Meditation und natürlich Selbstverteidigung enthalten. Yoga und Tai-chi sind auch gut. Yoga ist hervorragend für Ihren Geist und für die Muskeldehnung. Wir haben eine wirklich wunderbare Erfahrung mit einer langjährigen Yogaanwenderin bei einem Seminar in Melbourne, Australien, gemacht. Diese Dame konnte ihre Beine nie vollständig abspreizen. Sie fühlte sich nicht gut dabei, denn alle ihre Kollegen, die genauso lange Yoga studiert hatten wie sie, konnten dies mit Leichtigkeit. Nachdem sie die Rochlitz-Herz-Integration-Übung gemacht hatte, weinte sie vor Freude und Erkenntnis, da sie zum ersten Mal geschafft hatte, ihre Beine vollständig abzuspreizen!

Suchen Sie sich etwas, das Ihnen Spaß macht und das Sie für den Rest Ihres Lebens gerne tun möchten. Wir haben immer gerne Sport gemacht, Karate, Rakettball, Tischtennis und Hockey. Wir sind auch halbe Marathonstrecken gelaufen und haben uns mit Tennis und Skilaufen beschäftigt. Gehen, Laufen und Skilaufen sind Überkreuz-Aktivitäten und daher gut für Ihr Gehirn und Ihr Herz (besonders, wenn Sie dabei summen). Wenn Sie die richtigen Handbewegungen, wie hier beschrieben, machen, können Sie sogar beim Gehen oder Laufen Ihre Gehirn- oder Herzhälften integrieren!

Wir sind nun bereit für einige schnelle bahnbrechende Techniken aus der Angewandten Kinesiologie, um Sie mit mehr Energie zu versorgen und Ihre Ausdauer und Beweglichkeit rasch zu verbessern. Zuerst werden wir mit der Meta-Maestro-Übung Ihr Herz mit mehr Energie versorgen und die Blut- und Nervenenergie in Fluß bringen. Statt dieser können auch die anderen beiden Herz-Integrations-Übungen – die Maestro-Übung oder die Rochlitz-Herz-Integrations-Übung – gemacht werden. Aber die Meta-Maestro-Übung ist die stärkste. Wir haben dies durch Forschungen an Sportlern bewiesen. Sie erhöht die Herz-Kreislauf-Leistung mehr als die anderen und geht genauso schnell.

Machen Sie diese Übung vor, während und nach Ihrem normalen Sportprogramm. Wenn Sie sie vorher machen, wird Ihre Dehnungsfähigkeit erhöht und damit die Verletzungsgefahr geringer. Sie ist *kein* Ersatz für Ihre Dehnübungen, sondern eine Ergänzung. Ihre Ausdauer wird ebenfalls erhöht. Wenn Sie gerade erst mit dem sportlichen Üben anfangen oder schon ziemlich betagt sind, sollten Sie langsam vorgehen und sich behutsam steigern. Verbessern Sie die Parameter – Zeit, Weite, Geschwindigkeit, usw. – Ihres Übungsprogramms langsam. Machen Sie die Meta-Maestro-Übung *nach* dem Ende Ihres Übungsprogramms, um sich zu entspannen, die nun zusammengezogenen Muskeln wieder zu dehnen und sich leichter von jeglicher Müdigkeit zu erholen.

## Die Meta-Maestro-Übung

1. Beginnen Sie zu summen und behalten Sie das Summen bei. (In einigen Fällen müssen Sie zählen. (Machen Sie die Übung zuerst ganz unter Summen durch. Wenn Sie keine Besserung spüren oder sehen, fangen Sie noch einmal an und zählen Sie dabei laut.)

2. Nehmen Sie die Ellbogen hoch und ein wenig nach außen und beschreiben Sie mit Ihren Händen (nicht mit den Augen) Halbkreise in der Form zweier mit dem Rücken zueinander liegender „C".

3. Nehmen Sie nun die kreisenden (oder diagonalen) Augenbewegungen dazu. Bis dahin ist das nur die Maestro-Übung.

4. Bewegen Sie nun Ihre Beine zusammen und auseinander im Rhythmus Ihrer Hände. Dies ist eine Variante des „Hampelmanns". Beginnen Sie mit den Händen oben und den Füßen nebeneinandergestellt. Wenn die Hände nach unten und außen kommen, hüpfen die Füße auseinander.

5. Wenn die Hände zurück nach oben und nach außen gehen und sich zueinander drehen, hüpfen die Füße wieder zusammen.

6. Wiederholen Sie die Schritte 1–5 zwei Minuten lang durchgehend. Nach kurzer Zeit sollte dies flüssig gehen und keine holprige Schritt-für-Schritt-Übung mehr sein.

**Abbildungen 28 und 29:** Die Meta-Maestro-Übung

Wir nennen Ihnen hier noch eine Übungsmöglichkeit, die der Meta-Maestro-Übung etwa gleichwertig ist: das Springseil! Die Armbewegung ist „Dirigenten-ähnlich"; damit werden die mit dem Herzmeridian verbundenen Muskeln eingesetzt. Da Sie beide Füße gleichzeitig bewegen müssen, entspricht dies etwa unserer Meta-Maestro-Übung.

Als nächstes werden wir Ihre „Kommandozentrale" anfeuern, damit Ihre beiden Gehirnhälften zusammenarbeiten. Dies wird den Fluß der Nervenenergie durch Ihren Körper fast unmerklich optimieren. Diese Übung sollten Sie *vor* Ihrem Sportprogramm machen.

## Gehirn-Integrations-Übung

1. Beginnen Sie zu summen. (Einige Menschen müssen zählen. Sie können während der Übung das eine und dann das andere machen.) Machen Sie eine Überkreuz-Bewegung, indem Sie mit der *rechten* Hand über das *linke* Knie fassen, wobei das Knie angehoben ist. Halten Sie den Arm die ganze Zeit (im Ellbogen) gerade (siehe Abbildungen 30 und 31).

2. Lassen Sie die Hand und das Bein nach der Berührung wieder fallen.

3. Machen Sie dasselbe noch einmal mit der linken Hand und dem rechten Bein.

4. Wiederholen Sie dies eine oder zwei Minuten lang.

5. Während der Übung benutzen Sie nacheinander jeweils die gegenüberliegenden Arme und Beine. Machen Sie zuerst eine Zeitlang die Schritte 1–5, bevor Sie Schritt 6 dazunehmen.

6. Der letzte Schritt besteht darin, daß Sie langsam mit den Augen alle Punkte entlang eines vor Ihnen befindlichen Kreises verfolgen, während Sie die Übung fortsetzen. Zuerst im Uhrzeigersinn, dann gegen den Uhrzeigersinn.

**Abbildungen 30 und 31:** *Gehirn-Integrations-Übung.*
*Berühren Sie die gegenüberliegende Seite des gegenüberliegenden Knies; benutzen Sie abwechseln beide gegenüberliegenden Arme und Beine (wie Gehen).*
*Links: Die erste Hälfte – die Kombination rechter Arm/linkes Bein.*
*Rechts: Die zweite Hälfte – die Kombination linker Arm/rechtes Bein.*

Die Korrektur Ihrer Gangkoordinations-Reflexe – siehe Abbildung 32 – weckt die müden Füße auf; Sie werden staunen, was dies für Ihre gesamte Müdigkeit bedeutet! Dies ist eine bemerkenswerte Technik. Wahrscheinlich wissen Sie gar nicht, daß Ihre Fußreflexe (möglicherweise schon lange) abgeschaltet waren, bis Sie umhergehen, nachdem jemand Sie bei Ihnen wieder eingeschaltet hat! Sie können das natürlich selbst machen. Doch es funktioniert besser, wenn Ihnen jemand anders diese Energie überträgt. Sie werden es spüren. Es ist wie beim Kitzeln: Sie spüren es mehr, wenn es jemand anders macht. Wenn Sie Schmerzen dabei haben, atmen Sie einfach tief durch und stellen Sie sich vor, Sie seien irgendwo anders. Sie können dies vor, während und nach jeder für Ihre Beine stressigen sportlichen Übung machen. Dazu gehören Kampfsport, Gymnastik, Gehen, Laufen, Aerobic, Skilaufen, Eislaufen, Fußball, Football, Basketball, Baseball, usw. Alle Techniken in diesem Kapitel können Ihnen sogar dabei helfen, sich von geringfügigen Überbelastungen und Verstauchungen schneller zu erholen. Mit allen ernsthaften Verletzungen sollten Sie natürlich zu einem entsprechenden Fachmann gehen.

## Gangkoordinations-Reflexe

Diese Korrektur wird durch heftiges Reiben an den in Abbildung 32 gezeigten Punkten durchgeführt. Sie befinden sich nicht zwischen den Zehen, sondern ungefähr 1 cm zum Fußrücken hin, zwischen den Strecksehnen der Zehenknochen und am Ballen (nicht abgebildet). Reiben Sie jeden Punkt mindestens 10 Sekunden lang.

Wenn Sie in Ihre Übungen die Hände oder Arme mit einbeziehen, werden Sie von der folgenden Korrektur großen Nutzen haben. Wir nennen sie die „Handkoordinations-Reflexe". Sie entspricht den Gangkoordinations-Reflexen für die Beine. Sie sollten diese Handpunkte reiben, wenn Sie folgende Sportarten betreiben: Boxen, Karate, Gymnastik, Tennis, Squash, Rudern, Bogenschießen, Volleyball, Wasserball, Handball, Tischtennis, Golf, Gewichtstraining und auch Hockey. Bei allen diesen Sportarten werden Ihre Arme durch Vibrationen belastet, wie dies beim Laufen usw. mit den Beinen geschieht.

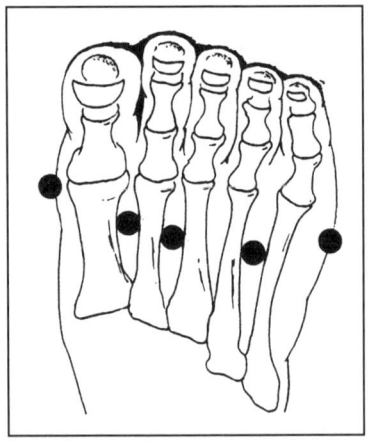 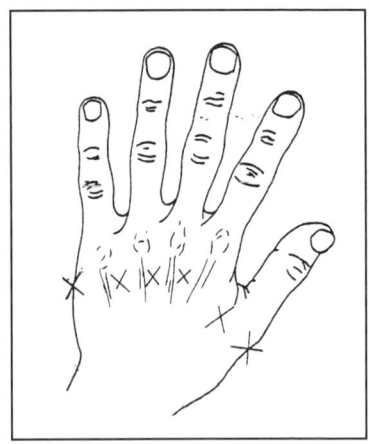

**Abbildung 32:**
*Gangkoordinations-Reflexpunkte.*
*Der Ballen (nicht abgebildet)*
*gehört dazu.*

**Abbildung 33:**
*Handkoordinations-Reflexpunkte.*
*Der Handballen gehört dazu*
*(nicht abgebildet).*

## „Handkoordinations"-Reflexe

Diese Korrektur wird durch heftiges Reiben an den gezeigten Punkten durchgeführt. Sie befinden sich nicht zwischen den Knöcheln, sondern ungefähr 1 cm zum Handrücken hin (in Richtung Ellbogen). Sie befinden sich zwischen den Strecksehnen der Fingerknochen und am Handballen (nicht abgebildet) – siehe Abbildung 33.

Alle begeisterten olympischen Sportler *und* Freizeitathleten sind herzlich eingeladen, uns zu schreiben, wenn sie mit den bemerkenswerten Neuheiten in diesem Kapitel gearbeitet haben. Denken Sie daran: lebenslanges Üben verlängert Ihr Leben, vermindert Ihren Streß, reinigt Ihr Lymph(entgiftungs)system, verbessert Ihre Konzentration, optimiert die Leistung Ihrer Nebennieren und kann sogar Ihre Emotionen ausgleichen. Suchen Sie sich einen Sport aus, der Ihnen Spaß macht, erlernen Sie ihn, besorgen Sie sich die nötige Ausrüstung und lassen Sie sich, wenn nötig, untersuchen; arbeiten Sie mit den Techniken in diesem Kapitel und machen Sie sich auf den Weg. Ja, auf den Weg in Ihre 90er Jahre und weiter, wie jene aktiven Menschen im Himalaja und dem Ural.

# Kapitel 11
# Erkenntnisse bei Multipler Sklerose

Die Entdeckungen in diesem Buch können auch Menschen helfen, die an Multipler Sklerose (MS) leiden. Bei dieser degenerativen, neurologischen Erkrankung zerfallen die fettigen Myelinscheiden, welche bestimmte Nervenzellen umgeben. Extremitätenlähmungen, Blaseninkontinenz und Augenprobleme sind bekannte Symptome. Wir beschäftigen uns hier auch mit dieser Krankheit, weil sich unsere Herz-Integrations-Übung als eine der wirkungsvollsten Techniken erwiesen hat, der sich ein MS-Patient unterziehen kann. Wir können nicht allen MS-Patienten großartige Ergebnisse versprechen oder garantieren, am wenigsten denjenigen, bei denen alle vier Extremitäten schon jahrelang ernsthaft beeinträchtigt sind. Doch selbst diese können daraus einen gewissen Nutzen ziehen, aber es wird viel länger dauern, bis man Änderungen sieht. Den größten Erfolg haben wir bei denen beobachtet, die nur auf einer Körperseite neurologische Ausfälle hatten oder bei denen eine Seite viel schlimmer war als die andere, oder auch bei solchen, die erst seit kurzem an dieser Krankheit litten. Tatsächlich war die erste Klientin, die der Autor nach der Entwicklung der Rochlitz-Herz-Integrations-Übung 1985 behandelte, eine MS-Patientin. Diese Dame hatte ein schlimm betroffenes Bein und im einen Fuß seit 15 Jahren kein Gefühl mehr. Nachdem sie unsere Übung gemacht hatte, bekam sie innerhalb kürzester Zeit wieder ein Gefühl im Fuß. Dann konnte sie wieder richtig gehen. Außerdem schwoll ihr Knöchel in kurzer Zeit vor unseren Augen ab! Anscheinend wird mit unserer Herz-Integrations-Übung Blut und Nerven „energie" durch den ganzen Körper geflutet. Sowohl der Kreislauf als auch die neurologischen Funktionen bessern sich oft sofort.

Wir werden Ihnen zeigen, wie Sie die Herz-Integrations-Übung bei teilweise oder vollständig Gelähmten anwenden können. Bevor wir mit den speziellen Übungen anfangen, wollen wir unsere

Erkenntnisse und Empfehlungen für MS-Patienten beschreiben. Diese Menschen haben sehr, sehr viele Imbalancen. Oft werden sie auf einen falschen Weg gebracht und ihr Körper wird durch die *versuchsweise* Gabe von Medikamenten, die Immunreaktionen unterdrücken, weiter unter Streß gesetzt. Dies wird letztendlich wahrscheinlich verboten werden. Diese Menschen leiden auch unter zahlreichen Allergien und sollten vollständig getestet werden. Manche sind allergisch gegen Nahrungsmittel, Chemikalien, Pollen, Mikroorganismen (einschließlich Bakterien) und Haustiere.

Manche können den Beginn ihrer schlimmsten Beschwerden bis zu einer Zeit zurückverfolgen, als sie Katzen um sich hatten. Katzen tragen viele gefährliche Mikroorganismen in sich, zu denen man über den Speichel, die Krallen und die Haare Kontakt bekommt. Katzen haben Candida und Parasiten, einschließlich der für die Toxoplasmose verantwortlichen Protozoen.

Forscher haben vor kurzem die Ursache für die „Katzenkratz-Krankheit" gefunden. Dies ist ein schweißtreibender, schmerzhafter Zustand, den manche Menschen bekommen, wenn eine Katze sie kratzt. Sechstausend Menschen berichten in den USA pro Jahr über diesen Zustand und viele klagen auch über Fieber, geschwollene Lymphknoten, Appetitlosigkeit und ein allgemeines Unwohlsein. Diese Beschwerden können mehrere Monate anhalten. Das verursachende *Bakterium* heißt Afpia felis [44] und ist sehr bösartig. Neuere Forschungen haben vielleicht auch einen möglichen Grund für die Katzen*allergie* entdeckt. Das Katzenallergen sitzt auf der Haut der Katzen und kann das Immunsystem verändern!

Wir haben Menschen gesehen, bei denen eine MS ausbrach, kurz nachdem sie an einen Ort gezogen waren, wo es eine Katze gab. Natürlich sind viele Schritte nötig, bis es schließlich zum Zusammenbruch kommt. Viele dieser Menschen hatten als Kinder Hunde gehabt. Einige britische Wissenschaftler behaupten, sie hätten eine Verbindung zu einem Virus in Hunden gefunden. Wir glauben, daß auch einige Pollen aus der Umwelt an der MS beteiligt sind, da die geographischen Gebiete, in denen die MS gehäuft vorkommt, mit Baumpollen in Verbindung gebracht werden können. Einige MS-Patienten haben auch von einer Besserung berichtet, sobald sie Weizen, Milchprodukte oder sulfithaltige Konservierungsstoffe (wie sie manchmal bei grünen Gemüsen und Kartoffelprodukten verwendet werden) weggelassen haben. Andere sind erfolgreich mit Desensibilisierungsspritzen von bakteriellen Antigenen behandelt worden. Wieder andere hatten Erfolge mit Injektionen von Bienen- oder Schlangengiften. (Wir vertrauen darauf, daß vorher genaue Allergietestungen vorgenommen werden.) Was mich selbst betrifft, so wären experimentelle, immunsuppressive Medikamente das letzte, was ich nehmen würde. Vor Jahren wurden meine Arme und Beine tatsächlich auch gefühllos. Die Diagnose lautete MS. Glücklicherweise verfolgte ich die Spur bis zu den phenolhaltigen Konservierungsmitteln zurück, die in den Allergieinjektionen eines Allergologen enthalten waren. Ich hörte mit all den Spritzen auf und erholte mich vollständig. Als Wissenschaftler wußte ich, daß ich versuchen mußte, die Ursache herauszufinden.

Viele MS-Patienten haben außerdem Amalgamprobleme. Wenn Gold und Quecksilberamalgame (fälschlich als „Silber" bezeichnet) nebeneinander vorkommen, so wird das Quecksilber noch schneller herausgelöst als sonst. Ganzheitliche Ärzte empfehlen dringend die Entfernung und den Ersatz des Amalgams bei MS-Kranken. Sie empfehlen, einen ganzheitlich arbeitenden Zahnarzt aufzusuchen, der Porzellan-Keramik-Füllungen macht.

MS-Kranke haben auch viele Fehlstellungen der Schädelknochen und müssen einen erfahrenen Chiropraktiker oder Osteopathen konsultieren, der mit den fortgeschrittenen Techniken der entsprechenden Regulierung vertraut ist. (Dies wurde bereits im Kapitel über chronische Müdigkeit abgehandelt.)

MS-Kranke brauchen zur Durchführung unserer Herz-Integrations-Übung zwei bis vier Helfer, wenn der Patient seine Extremitäten nicht bewegen kann. Wenn er nicht stehen kann, lassen Sie ihn auf den Boden legen (oder auf einen sicheren Tisch) und die Helfer knien oder stehen um ihn herum. Jeder Helfer wird gebraucht, um zusammen mit dem/n anderen je einen Arm oder ein Bein zu bewegen. Lassen Sie eine der drei Rochlitz-Herz-Integrations-Übungen, die in diesem Kapitel beschrieben sind, von einer „normalen" Person ausführen. Wenn die Übung einmal verstanden ist, dürfte es ein leichtes sein, einem Freiwilligen einen Arm oder ein Bein zu überlassen, wenn der Patient diese selbst nicht (gut genug) bewegen kann. Lassen Sie die Helfer die entsprechenden Bewegungen genau und *gleichzeitig* ausführen, wie es verlangt wird.

Während der Korrektur sollte der Patient versuchen, selbst zu summen (in manchen Fällen zu zählen). Dies sollte mindestens zwei Mal täglich mehrere Minuten lang gemacht werden (es sei denn, es gibt ein Problem). Beachten Sie, ob der Klient jedesmal irgendwelche Unterschiede feststellt, besonders beim ersten Mal. Testen Sie das Abspreizen der Beine, die neurologischen Reflexe usw. Bei all den unten beschriebenen Korrekturen summt oder zählt der Patient selbst, außer er ist stumm. In diesem Fall kann man ihn während der Übungen mit guter klassischer Musik „berieseln".

Die Maestro-Übung ist die einfachste der drei hier beschriebenen Herz-Integrations-Übungen. Es werden nur zwei Helfer gebraucht. Wenn der MS-Kranke alle diese Übungen selbst ausführen kann – wenn auch ein bißchen verwaschen –, so ist dies natürlich vorzuziehen!

## Maestro-Übung

1. Der Patient beginnt zu summen. Wir nehmen dabei an, seine linke Seite (Arm, Bein oder Auge) sei schlechter. Ist die rechte Seite die schlechtere, zählt er besser statt zu summen.

2. Die Ellbogen werden hochgehoben und ein wenig nach außen gedreht, die Hände kreisen in der Form von zwei mit dem Rücken zueinander liegenden „C".

3. Der Patient soll nun die kreisenden Augenbewegungen dazu machen oder auf die acht diagonalen Endpunkte schauen (bis Schwindel oder andere Beschwerden auftreten).

Wenn die Beine des MS-Kranken nicht betroffen sind, ist vielleicht die folgende Korrektur vorzuziehen. Aber man kann nie sicher sein, welche Übung die beste ist. Es ist daher gut und richtig, alle drei Herzkorrekturen zu versuchen – nicht unbedingt in derselben Sitzung, wenn dies für den MS-Kranken zu anstrengend ist.

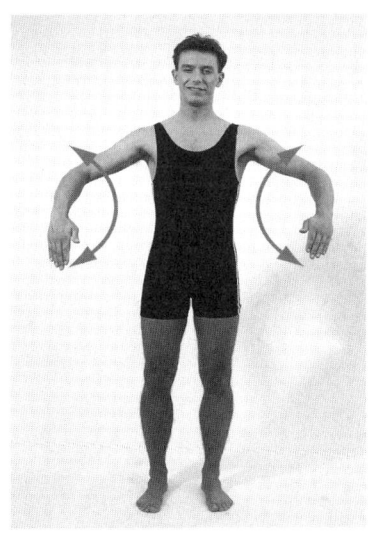

**Abbildung 34:**
*Die Maestro-Übung.*

# Die Rochlitz-Herz-Integrations-Übung

1. Hier sind vier Helfer besser; doch auch zwei können ausreichen, wenn sie schnell und genau genug arbeiten. Wenn der MS-Kranke alle diese Übungen selbst ausführen kann – wenn auch ein bißchen verwaschen –, so ist dies natürlich vorzuziehen.

2. Der Patient beginnt zu summen. Wir nehmen an, seine linke Seite sei schlimmer (Arm, Bein oder Auge). Ist die rechte Seite die schlechtere, zählt er besser statt zu summen.

3. Dies ist eine Überkreuz-Variante; nehmen Sie einen Arm und das jeweils gegenüberliegenden Bein des Patienten (nach Abbildung 35).

4. Halten Sie, so gut es bequem möglich ist, den Ellbogen in Schulterhöhe und nach außen, wobei der Unterarm und die Hand einen rechten Winkel zum Oberarm bilden. Die Hand und der Unterarm zeigen also zu den Füßen. Dies ist die „Vogelscheuchen"-Startposition.

5. Als nächstes drehen Sie die Schulter (Arm und Hand bleiben, wo sie sind), d.h., Sie behalten die Vogelscheuche bei und drehen bloß die Schulter zur Mitte.

**Abbildungen 35 bis 38:** *Die Rochlitz-Herz-Integrations-Übung.*
*Oben: Erste Hälfte Startposition, erste Hälfte vollständig ausgeführt;*
*Unten: zweite Hälfte Startposition, zweite Hälfte vollständig ausgeführt.*

6. Wenn der Ellbogen die Mittellinie erreicht, schnellen Sie den Unterarm nach oben.

7. Genau dann heben Sie das gegenüberliegende (linke) Knie an.

8. Dann lassen Sie beides wieder sinken. Der Arm geht also zurück zur Seite, das Bein nach unten.

9. Wiederholen Sie dies mit dem anderen Arm-Bein-Paar. Achten Sie sorgfältig darauf, daß diese Übung nicht gleichseitig durchgeführt wird.

10. Nach 30 Sekunden sollte der Patient die kreisenden Augenbewegungen dazu machen.

## Meta-Maestro-Übung

1. Hier brauchen Sie vier Helfer, wenn der Patient seine eigenen Gliedmaßen nicht bewegen kann. Dies ist die schwierigste Übung – sie korrigiert die größte neurologische Desorganisation – und daher ist sie die potentiell wirksamste.

2. Der Patient beginnt zu summen. Wir nehmen dabei an, seine linke Seite sei schlimmer (Arm, Bein, Auge). Ist die rechte Seite die schlechtere, sollte er lieber zählen anstatt zu summen.

3. Die Ellbogen hoch und ein wenig nach außen nehmen und mit den Händen (nicht mit den Augen) kreisen in Form von zwei mit dem Rücken zueinander liegenden „C".

4. Bewegen Sie die Beine zusammen und auseinander im Rhythmus der Hände. Dies ist eine Variante des „Hampelmanns". Beginnen Sie mit den Händen oben und den Füßen nebeneinander. Wenn die Hände nach unten und außen kommen, werden die Beine gegrätscht. Wenn die Hände zurück nach oben und außen gehen, gehen die Füßen wieder zusammen. Wiederholen Sie die Schritte 2–4.

5. Der letzte Schritt besteht darin, daß der Patient alle Punkte entlang eines vor ihm liegenden Kreises langsam mit den Augen verfolgt, während er weiterübt, zuerst im Uhrzeigersinn, dann gegen den Uhrzeigersinn. Wen er schwindlig wird, soll er aufhören und möglichst auf die diagonalen Endpunkte sehen.

***Abbildungen 39 und 40:*** *Die Meta-Maestro-Übung.*

Der MS-Kranke wird wahrscheinlich auch großen Nutzen von unserer Gehirn-Integrations-Übung haben, die er mindestens zweimal täglich für je zwei Minuten machen soll, insbesondere wenn eine Seite bei ihm schlechter ist. Sie sollten sich immer versichern, daß vor oder nach den Herz-Integrations-Übungen die Gehirn-Integrations-Übung gemacht wird. Beim allerersten Mal sollte unserer Meinung nach die Herz-Integrations-Übung zuerst gemacht werden, wie in diesem Kapitel beschrieben. Danach spielt die Reihenfolge keine entscheidende Rolle mehr.

## Gehirn-Integrations-Übung

1. Man benötigt hier zwei bis vier Helfer.

2. Der Patient beginnt zu summen (oder zu zählen, wenn die rechte Seite die schlechtere ist). Machen Sie Überkreuzbewegungen, indem die rechte Hand über das linke Knie faßt (das Knie wird dabei angehoben). Halten Sie den Arm (im Ellbogen) die ganze Zeit gerade (siehe Abbildungen 41 und 42).

3. Lassen Sie die Hand und den Fuß nach der Berührung wieder sinken.

4. Machen Sie dasselbe noch einmal mit der linken Hand und dem rechten Bein.

5. Wiederholen Sie dies eine oder zwei Minuten lang.

6. Während der Übung nehmen Sie nacheinander wechselseitig jeweils die gegenüberliegenden Arme und Beine. Machen Sie zuerst eine Zeitlang die Schritte 1-6, bevor Schritt 7 dazukommt.

7. Der letzte Schritt besteht darin, daß der Patient langsam mit den Augen alle Punkte eines vor ihm befindlichen Kreises verfolgt, während die Übung fortgesetzt wird, zuerst im Uhrzeigersinn, dann gegen den Uhrzeigersinn. Wenn ihm schwindlig wird, soll er aufhören und möglichst auf die Endpunkte der Diagonalen sehen.

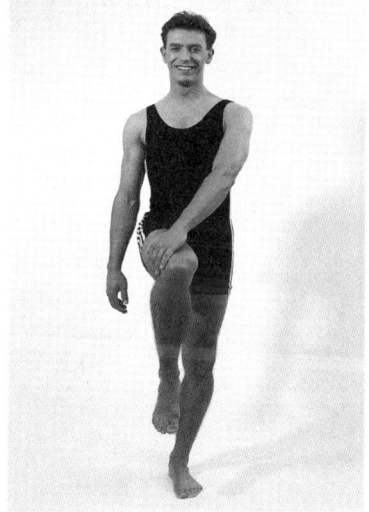

**Abbildungen 41 und 42:** *Gehirn-Integrations-Übung.*
*Berühren Sie die abgewandte Seite des gegenüberliegenden Knies; benutzen Sie abwechselnd beide gegenüberliegenden Arme und Beine (wie Gehen!).*
*Links: Eine Hälfte – die Kombination rechter Arm/linkes Bein.*
*Rechts: Die Kombination linker Arm/rechtes Bein – die andere Hälfte.*

Die Kinesiologen haben auf der Grundlage der Akupunktur ein bemerkenswertes Reflexsystem in den Füßen entdeckt, das dazu beitragen kann, den Energiefluß zum ganzen Bein zurückzubringen. Führen Sie diese Technik ungeachtet der Symptome an beiden Füßen durch. Fangen Sie mit geringem Druck an und steigern Sie dann. Reiben Sie jeden Punkt 15 Sekunden lang.

## Gangkoordinations-Reflexe

Diese Korrektur wird durch heftiges Reiben an jedem in Abbildung 43 gezeigten Punkt durchgeführt, auch am Ballen (nicht abgebildet).

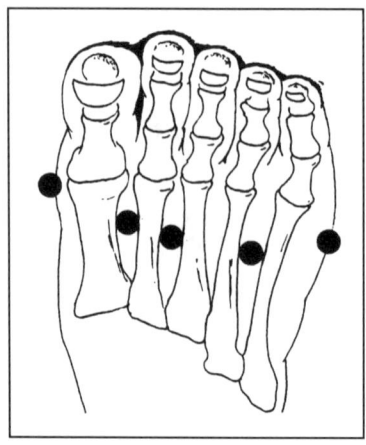

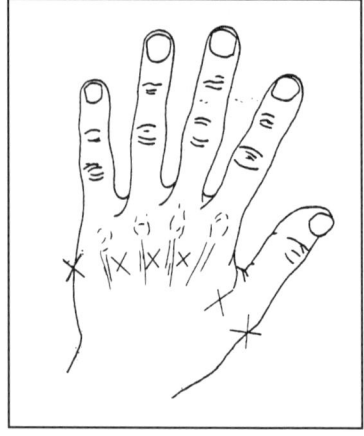

**Abbildung 43:**
*Gangkoordinations-Reflexpunkte. Der Ballen gehört dazu (nicht abgebildet).*

**Abbildung 44:**
*Handkoordinations-Reflexpunkte. Der Handballen gehört dazu (nicht abgebildet).*

Analog zu den Fußpunkten haben wir „Handkoordinations-Reflexpunkte" an der Hand gefunden, die genauso durch Reiben korrigiert werden müssen. (Die Korrektur der Handkoordinations-Reflexe kann zusammen mit Vitamin $B_6$ beim Karpaltunnelsyndrom eine Operation ersparen.) Ein Helfer könnte diese Technik an beiden Händen durchführen. Beginnen Sie mit geringem Druck und steigern Sie dann langsam. Reiben Sie jeden Punkt 15 Sekunden lang.

# Die „Handkoordinations"-Reflexe

Diese Korrektur wird durch heftiges Reiben an jedem Punkt (Abbildung 44) durchgeführt, auch am Handballen (nicht abgebildet).

Wenn es von jemandem heißt, er sei „geswitcht" oder neurologisch fehlorganisiert, so heißt dies, daß die Nerven- oder Akupunkturenergien nicht zu 100% so fließen, wie sie sollten. Dann kann Unordnung herrschen zwischen der linken und rechten Körperseite, zwischen oben und unten oder zwischen vorne und hinten. Viele Beschwerden können daher kommen – von der schlechten Balance bis zu Dyslexie und chronischer Müdigkeit oder schlechten sportlichen Leistungen. Die nachfolgenden Korrekturen können dem MS-Kranken helfen. Ein Helfer kann sie das erste Mal beim Patienten durchführen. Die Punkte sollten nicht so schmerzhaft sein wie die Koordinations-Reflexpunkte, obwohl viele Menschen empfindliche Ni 27 haben (siehe unten). Dies bezieht sich auf eine neurologische Unordnung zwischen der rechten und der linken Seite.

# Switching-Korrektur

1. Reiben Sie den Nabel und die beiden Punkte an Ober- und Unterlippe (Abbildung 45). Dies korrigiert die Oben-unten-Unordnung im Körper.

2. Reiben Sie den Nabel und die beiden Ni 27 (siehe Abbildung 45). Die Nierenpunkte 27 sind Akupunkturpunkte des Nierenmeridians unter dem Schlüsselbein, zu beiden Seiten des Brustbeins. Einige Kinesiologen sagen, die Ni 27 müssen so lange täglich gerieben werden, *bis sie nicht mehr schmerzen*.

3. Reiben Sie den Nabel und das Steißbein (nicht abgebildet), das sich über dem Anus befindet. Dadurch wird die Vorne-hinten-Unordnung korrigiert.

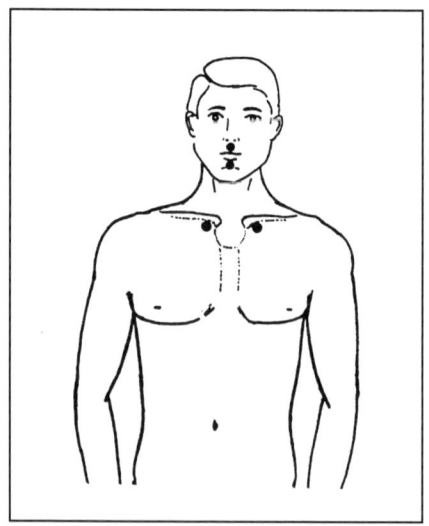

**Abbildung 45:**
*Switching-Korrektur-Punk-*
*te. Reiben Sie diese Punk-*
*te, während Sie den Nabel*
*halten. Das Steißbein*
*gehört auch dazu (nicht*
*abgebildet).*

Reiben Sie jedes Paar der beidhändigen Korrekturpunkte (fest) 10 Sekunden lang. Diese drei Korrekturen bringen vorübergehend das Oben-unten-, Links-rechts- und Vorne-hinten-Switching in Ordnung.

Teilen Sie uns Ihre Erfahrungen mit MS-Kranken mit. Denken Sie auch an alle anderen Empfehlungen zu Beginn dieses Kapitels.

# Kapitel 12
# Nachwort

Erfreulicherweise haben uns in den letzten Jahren Menschen über ihre positiven Erfahrungen mit den Rochlitz-Herz-Integrations-Übungen berichtet. Einige dieser Rückmeldungen wurden in der Vierteljahresschrift *„The Human Ecology & Energy Balancing Scientist"* (ISSN: 1045-2729) im Original abgedruckt. (Wegen Nachdruck oder Informationen zur Bestellung verweisen wir auf Anhang C.)

Zuerst listen wir einige wohltuende Wirkungen unserer Rochlitz-Herz-Integrations-Übungen auf. Natürlich hoffen wir, daß Sie durch die kontinuierliche Durchführung dieser Übungen länger leben werden! Mit Humor gesagt: *Melden Sie sich einmal in einigen Jahrzehnten bei uns!*

## Wirkungen der Herz-Integrations-Übungen:

- Besserung bei kalten Händen und Füßen

- Beseitigung von *geringfügigen* Herzrhythmusstörungen

- Verbesserung der Beweglichkeit bei einem Tänzer

- Beseitigung von blauen Flecken

- Es wird einfacher, Kindern Blut abzunehmen

- Absenkung eines hohen Blutdrucks

- Absetzen von Blutdruckmitteln (mit Erlaubnis des Arztes)

- Verkürzung der Wehen während der Geburt

- Überwindung der Belastungen durch Krampfadern

# Die Maestro-Übung und das Blutabnehmen [45]

Carolyn Th. aus S. schreibt: „Als mein achtjähriger Sohn vor kurzem krank war, sollte eine Blutuntersuchung gemacht werden. Der Laborant hatte große Schwierigkeiten, eine Vene zu finden, und erhielt nach mehreren Versuchen nur eine sehr geringe Menge Blut. Man sagte mir, Blutabnehmen bei Kindern sei schwierig, da ihre kleinen Venen rasch kollabieren. Dies war für meinen Sohn eine sehr unangenehme Erfahrung. Sie können sich sein Gefühl vorstellen, als ich ihm nach zwei Wochen sagte, es müßte noch einmal Blut abgenommen werden. Die blauen Flecken von den ersten Versuchen waren kaum verschwunden. Ich erzählte Prof. Rochlitz von unserem Problem und versuchte auf seinen Vorschlag hin die Maestro-Herz-Integrations-Übung direkt vor dem nächsten Laborbesuch. Das Ergebnis war beeindruckend. Sehr schnell war eine Vene gefunden und innerhalb weniger Minuten waren vier Phiolen mit Blut gefüllt. Mein Sohn war sehr angetan und hatte eher das Gefühl, die Situation im Griff zu haben, als sich wie ein Opfer vorzukommen. Das gleiche wiederholte sich bei einem weiteren Besuch mit denselben guten Ergebnissen. Die Laboranten zeigten großes Interesse an der Übung, die mein Sohn gemacht hatte, und er brachte ihnen die Rochlitz-Herz-Integrations-Übung bei!"

# Die Herz-Integration und Herzrhythmusstörungen

*Achtung: Gehen Sie wegen Herzrhythmusstörungen zu Ihrem Arzt!*

Dotty S. aus F. berichtet über einen Erfolg [46] nach der Durchführung der Rochlitz-Herz-Integrations-Übung in einem Zentrum für Diät und Gewichtsabnahme: „Bevor ich mit dem Programm begann, mußte ich mich ärztlich untersuchen und ein EKG machen lassen. Nach dem EKG, aber zwei Tage vor der ärztlichen Untersuchung, ließ mich meine Schwester die Rochlitz-Herz-Integrations-Übungen machen. Bei der Untersuchung hörte der Arzt mein Herz ab, sah auf das EKG und sagte: ‚Es scheint so, als wären das zwei verschiedene Leute, sie passen nicht zusammen; da ist jetzt keine Arrhythmie mehr.' Er konnte es nicht verstehen."

Kitty K. schreibt über ihre Schwägerin mit Herzrhythmusstörungen: „Sie verspürte immer starkes Herzklopfen und dachte, sie müsse sterben. Sie schlief schlecht und konnte sich nichts mer-

ken. Ich zeigte ihr die Rochlitz-Herz-Integrations-Übungen. Kurze
Zeit später hatte sie keine Arrhythmien mehr und ihr Gedächtnis
und der Schlaf besserten sich sehr. Während dieser Zeit reduzierte
sie allmählich ihr Medikament. Nach vier Jahren ist keine dieser
Beschwerden wiedergekommen und sie nimmt keine Medikamente
mehr."

## Die Rochlitz-Herz-Integration
## wärmt kalte Hände [47]

John C. aus O. schreibt: „Ein Freund von uns hat seit fünf Jahren
ein Kreislaufproblem. Seine rechte Hand scheint immer kälter als
die linke und zeitweise gefühllos zu sein. Er versuchte alles, von
Medikamenten bis zur Massage, von Darmspülungen bis zu oralen
Chelaten, nichts nützte. Zehn Minuten nachdem er Ihre Herz-Integrations-Übung durchgeführt hatte, berichtete er, daß beide Hände
gleich warm seien. Die Besserung hält noch nach einem Monat an."

## Der Blutdruck normalisiert sich mit
## der Rochlitz-Herz-Integrations-Übung

Janet M. aus Ontario, Canada, eine Absolventin des Human Ecology Balancing Sciences Seminars berichtet [48], daß die Rochlitz-
Herz-Integrations-Übung den Blutdruck einer Hochdruckpatien-
tin abgesenkt habe. Sie schreibt: „Wir behandelten eine 49-jährige
übergewichtige Dame mit leichtem Hochdruck (160/94) mit Medikamenten. Nachdem sie eine Woche lang die Rochlitz-Herz-Integrations-Übung durchgeführt hatte, brauchte sie keine Mittel mehr
und ihr Blutdruck fiel auf 150/88. Sie machte diese Übung während
der ersten Woche, die sie bei uns lag. Seit drei Monaten macht sie
diese Balance, und ihr Blutdruck liegt jetzt bei 142/82."

Betty G. schreibt [49]: „Ich sah Sie 1986 bei einer Gesundheits-
konferenz Ihre Herz-Integrations- und Meridian-Integrations-
Übungen vorführen. Im Januar 1987 wurde mir Blut abgenommen
und mein Blutdruck lag bei 130/88. Seit dieser Zeit habe ich die
Rochlitz-Herz-Integrations-Übung etwa ein halbes Dutzend Mal
gemacht. Ich habe auch damit begonnen, sie bei meinen Klienten
durchzuführen. Die große Neuigkeit ist, daß mein Blutdruck, als

ich heute Blut abgenommen bekam, auf 100/70 gefallen ist! Ist das nicht aufregend?! Insbesondere, da in meiner Familie massenhaft Hochdruckprobleme bestehen. Ich werde nun auch verantwortlich die Nahrungsumstellung vornehmen, die Sie vorschlagen, und ich weiß, daß auch mein Gewicht heruntergehen wird."

Margaret H. aus B. sandte uns eine vorläufige klinische Studie, die zeigte, daß die Rochlitz-Herz-Integrations-Übung den Blutdruck bei fünf Patienten normalisiert hat.

## Die Rochlitz-Herz-Integrations-Übung hilft, Langzeit-Verletzungen zu verhüten

Ann C. aus M. schreibt [50]: „Ich arbeite mit Tieren und wende die Rochlitz-Methoden und die Energiebalancierung an. Im Januar 1987 hatte ich einen Unfall, der sehr ernst hätte werden können. Ich wurde von einem meiner Pferde am Kopf getreten. Sekunden später, als sich noch alles von dem Schlag drehte, machte ich die Rochlitz-Herz-Integrations-Übung. Alle blauen Flecken und Gewebeschäden wurden durch die Übung beseitigt!" Um die Schwere der Verletzung zu beschreiben, berichtete sie, daß die Schädelknochen gequetscht und der Kiefer verschoben waren und auch Nacken und Wirbelsäule einer Behandlung bedurft hätten. – Auch als sich ihre 82jährige Mutter heftig gestoßen hatte, seien blaue Flecke und Schmerzen nach der Herz-Integrations-Übung sofort verschwunden.

## Die Herz-Integration verkürzt die Wehenzeit bei der Geburt

Ellen W. aus S. teilt uns mit, daß sie nach dem Besuch des Basisseminars die Maestro-Übung machte, als sie vermutete, daß ihre Wehen eingesetzt hätten. Noch bevor ihr Arzt zur Stelle war, befand sich das Baby schon auf dem Weg nach draußen.

Schicken Sie uns Ihre Erfolgsberichte. Die Ärzte bitten wir: Schicken Sie uns Ihre Studien. Danke!

# Anhang A
# Allergien, Blutzuckerprobleme und das Candida-Syndrom

Je länger Sie leben, desto wahrscheinlicher ist es, daß Sie mit zahlreichen Beschwerden aufgrund von Allergien, Blutzuckerproblemen oder aufgrund des Candida-Syndroms zu tun bekommen. Also müssen wir diese chronischen Probleme im Detail betrachten. Wir müssen lernen, wodurch diese Syndrome verursacht werden, welche Symptome dazugehören und was dagegen zu tun ist.

*Ohne Rücksicht auf die Beschwerden* entzogen die alten griechischen Ärzte ihren Patienten oft die Milch und, wenn das nichts brachte, *jede Nahrung*, bis es ihnen gut ging! Von den meisten Schulmedizinern heute ignoriert, verursachen Allergien viele chronische, degenerative körperliche und „emotionale" Krankheiten. Der Allergologe Dr. Richard Mackarness hat festgestellt, daß die Allergie heute der wichtigste Grund für die meisten Beschwerden ist [51].

Jede schädliche Wirkung auf den Körper, herbeigeführt durch ein Nahrungsmittel, eine Chemikalie, Pollen oder Energie (wie Mikrowellen, fluoreszierendes Licht, Fernseher, usw.) wird hier als Allergie bezeichnet. Wir sprechen hier von individuellen Reaktionen. Welche Krankheiten kann eine Allergie verursachen oder mit welchen kann sie verbunden sein? Die folgende Liste ist unvollständig. (Und für viele dieser Beschwerden gibt es auch andere Gründe.)

## Mögliche Allergiesymptome

Müdigkeit, Schwindel, Verwirrtheit, Kopfschmerzen, Migräne, Narkolepsie, Nackenschmerzen, Kreuzschmerzen, Arthritis, Symptome im Magen-Darm-Bereich, Gasbildung, Schmerzen, Blähsucht, Durchfall, Verstopfung, Entzündung der Speiseröhre, Kolitis,

Dünndarmentzündung, Hämorrhoiden, Mundsoor, Geschwüre, Verdauungsstörungen, wiederkehrender Geschmack im Mund, Muskelschmerzen und Zuckungen (zucken die Muskeln um Ihre Augen?), Doppelbilder, Blutzuckerprobleme, Ausschläge, Nesselsucht und andere Störungen der Haut, Dermographie (die Haut wird rot oder weiß nach leichtem Druck), Harndrang, Bettnässen, Schmerzen beim Wasserlassen, Depression, Ängste, Paranoia, Schizophrenie, Herzrhythmusstörungen, Herzjagen, Gelenkschwellung, Entzündungen der Nasennebenhöhlen, Naselaufen nach dem Essen, Augenringe, Ohrenschmerzen, Entzündung der Bauchspeicheldrüse, kolikähnliche Schmerzen, zu hoher oder zu niedriger Blutdruck, akute allergische Reaktionen, Hitzewallungen, morgendliche Übelkeit während der Schwangerschaft, Schlaflosigkeit, Unter- und Übergewicht.

Wenn Schulmediziner fragen, wie Allergien so viele chronische, degenerative Krankheiten verursachen können, sind wir sehr verwundert. Wenn doch eine Allergie etwas so „Mildes" wie Heuschnupfen und etwas so Extremes wie einen allergischen Schock (und sogar den Tod) verursachen kann, ist es dann nicht logisch anzunehmen, daß chronische, degenerative Erkrankungen, die zwischen diesen beiden Extremen liegen, auch allergiebedingt sein können?

## Allergieauslösende Faktoren

1. Das zu häufige Essen der gleichen Nahrungsmittel, oder auch, wenn man sich Pollen und Chemikalien zu sehr aussetzt.

2. Genetische Veranlagung. In vielen Familien reagieren mehrere Personen auf die gleichen Nahrungsmittel allergisch.

3. Das Candida-Syndrom, besonders wenn multiple Pollenallergien oder „universelle" Allergien gegen Nahrungsmittel, Chemikalien und Pollen vorliegen.

4. Verzicht auf das Stillen von Kindern. Muttermilch enthält Nährstoffe und schützende Antikörper, die in keiner „Formel" gefunden werden. Eine ganze Generation von Menschen hat ein schwaches Immunsystem, weil sie keine Muttermilch bekommen hat. Und warum? Weil westliche Kinderärzte unter dem falschen Deckmantel der Wissenschaft davon abgeraten hatten!

5. Andere Organismen oder Infektionen können das Immunsystem belasten, z.B. Parasiten, Viren, usw.

6. Der Verzehr von toxischen, künstlichen, nährstoffarmen Nahrungsmitteln.

7. Defizite an spezifischen Nährstoffen, insbesondere an Antioxidantien, die das Immunsystem braucht.

8. Schwermetallgifte wie Quecksilber.

9. Fluoride, die das Immunsystem schwächen.

All diese Dinge können zum Zusammenbruch des Immunsystems führen. Allergien, Autoimmunkrankheiten (wie Lupus), Krebs oder Immunschwäche können die Folge sein. Es scheint allerdings, daß die meisten Menschen mit universellen Allergien keinen Krebs bekommen.

## Unterzuckerung und Diabetes – die Allergie-Verbindung

Für viele Menschen ist das erste (oft nicht diagnostizierte) Allergiesymptom vielleicht ein fehlerhafter Blutzuckerspiegel. Dr. William Philpott und seine Biochemiker haben herausgefunden, daß die Bauchspeicheldrüse oft direkt von unverdauten Eiweißen und Fetten angegriffen wird. Ein solches Organ wird *Schockorgan* genannt [52] [53]. Unterschiedliche unverdaute Nahrungsmittel greifen bevorzugt unterschiedliche Organe oder Gewebe an. Weizengluten kann den Magen-Darm-Trakt, das Nervensystem und die Leber beeinträchtigen. Philpott hat eine Verbindung zwischen Allergien, Unterzuckerung und Diabetes hergestellt, indem er die Bauchspeicheldrüse als ein Schockorgan betrachtet. Allergien verursachende Nahrungsmittel brauchen keinen Zucker oder Kohlenhydrate zu enthalten, um die Bauchspeicheldrüse in eine hohe (diabetische) oder niedrige (hypoglykämische) schockartige Blutzuckerreaktion zu versetzen! Dies überrascht nicht, denn viele ganzheitlich orientierte Gesundheitsfachleute kennen das Bild vom dürren, nervösen Hypoglykämiker, der schließlich zum übergewichtigen, müden „ausgewachsenen" Diabetiker wird. Die möglichen Symptome der Unterzuckerung sind nachfolgend aufgelistet.

# Merkmale der Unterzuckerung

Müdigkeit, Konzentrationsstörungen, Schwindel, mentale Verwirrtheit, Schläfrigkeit, häufige Hungerattacken – sogar kurz nach
dem Essen, Angstzustände, nervöse Überaktivität, Muskelzittern,
Unsicherheit, Panikattacken, Phobien, Depression, Muskelkrämpfe,
und als Augensymptome: Unfähigkeit, die Augen zu fokussieren
(Konvergenzschwäche), wandernde Punkte sehen. (Diabetische
Reaktionen durch hohen Blutzucker können ebenfalls mit einigen
dieser Beschwerden verbunden sein.)

*Sinkende* Blutzuckerspiegel veranlassen die Nebennieren zur
Ausschüttung ihrer Hormone. Dazu gehören Adrenalin und ande-
re Streßhormone. Auch wenn Adrenalin als Ersatz für einen gleich-
bleibenden Blutzuckerspiegel ein Ohnmächtigwerden verhindern
kann, kann das Leben insgesamt dennoch alptraumhaft werden. Der
Überschuß an Nebennierenhormonen oder die schwankenden
Blutzucker- und Insulinspiegel werden oft begleitet von Ängsten,
Phobien, Muskelzittern, Gefühlen von drohendem Unheil, Schwin-
del, Verwirrtheit, Unsicherheit, häufigen Hungerattacken und
Depressionen.

Im Laufe des Nachmittags werden Menschen mit niedrigem
Blutzuckerspiegel oft von Müdigkeit und Schläfrigkeit überfallen.
Wir haben entdeckt, daß ein Absinken des Blutzuckerspiegels oft
durch den Verzehr von Mais herbeigeführt wird. Wann machen die
Menschen in Mexiko, wo der Mais die Hauptnahrungsquelle ist,
ihre Siesta? Richtig, in der Mitte des Nachmittags. Es ist faszinie-
rend zu beobachten, wie unterschiedliche Gesellschaften dieses
Absinken des Blutzuckerspiegels unterschiedlich bekämpfen. In
Großbritannien ist die Teezeit (Koffein) auch gegen drei bis vier
Uhr am Nachmittag. Maisdextrose verursacht häufig eine Blut-
zuckerreaktion. Wenn Sie auf bestimmte Nahrungsmittel allergisch
sind, können Sie auf alles reagieren, was daraus gewonnen wird.
Saccharose (aus Zuckerrohr oder Zuckerrüben) ist meist das
Schlimmste. Biologischer Ahornsirup oder Reissirup sind oft weni-
ger allergen als Saccharose, Dextrose oder verarbeitete Fruktose aus
Dextrose. Wenn Sie eine Schwäche der Bauchspeicheldrüse haben –
ein in der modernen Welt um sich greifendes Problem – ist es für
Sie wahrscheinlich gut, einfache Zucker einzuschränken oder zu
meiden.

Allergien und Unterzuckerung können durch die Einnahme häufigerer, kleinerer Mahlzeiten (statt der täglichen drei großen) vermindert werden. Das alte Sprichwort mahnt, wir sollten „essen, um zu leben, und nicht leben, um zu essen". *Wahrscheinlich war es ursprünglich so gedacht, daß wir kleinere Portionen essen sollten.* Denken Sie daran, daß ein zu niedriger Blutzuckerspiegel nichts anderes als ein Symptom für ein tieferes Problem ist – Allergien, Candida, usw.

Philpott empfiehlt *Diabetikern*, sich vollständig auf Nahrungsmittelallergien testen zu lassen und nachfolgend die problematischen Nahrungsmittel zu meiden, da oft nicht die Menge der Kalorien, sondern die Allergenpotenz (oder der Schock für die Bauchspeicheldrüse) die wirkliche Ursache für ihre Krankheit ist. Diabetiker sollten auch darauf getestet werden, ob sie gegen das Insulin, das sie nehmen, allergisch sind. Dies wird von Fachärzten fast nie gemacht.

## Abhängigkeit und Allergie

Eines der Kennzeichen der Allergie ist die *Abhängigkeit* und der sie begleitende *Entzug*. Dies ist das Allergie-Abhängigkeits-Syndrom: Jedes Nahrungsmittel, nach dem Sie ein heftiges Verlangen haben oder das Sie oft essen möchten, ist – oder wird wahrscheinlich – ein Allergen. Viele Menschen möchten ihre Süchte und Abhängigkeiten nicht zugeben. Manche Praktiker betrachten ein Nahrungsmittel automatisch als Allergen, wenn es öfter als drei Mal pro Woche gegessen wird. In der Natur gab es weder Kühlschränke oder Küchenschränke, noch gab es die heutigen Nahrungsmittel, Nahrungsmittelzusammenstellungen und Mengen; daher konnten sich gewohnheitsmäßige Eßmuster nicht entwickeln. So sind Ihre Allergene entweder Ihre bevorzugten Nahrungsmittel oder, im Gegenteil, diejenigen Nahrungsmittel, von denen Sie wissen, daß Sie krank davon werden. Nahrungsmittel, um die Sie sich „einfach nicht scheren", sind für Sie wahrscheinlich am besten! Sie machen Sie nicht „high", wie das Ihre Allergene tun. Ein weiterer Anhaltspunkt dafür, daß eine Allergie die Ursache für eine Beschwerde sein kann, ist ihr *episodisches* Auftreten – sie kommt und geht. Eine Infektion, ein verletztes Organ oder andere mögliche Gründe würden sich nicht episodenhaft zeigen wie eine Allergie; einem Allergen ist man ja nur zeitweise ausgesetzt.

Nimmt man ein Nahrungsmittel täglich ohne sichtbare Reaktion
zu sich, ist das ein Beispiel für einen *maskierenden Effekt*. Das
heißt, die schlimmsten Symptome sind maskiert, da der Körper versucht, sich dem Streß anzupassen. Das Maskieren und die Aller-
gie/Abhängigkeit kann auch bei Chemikalien, Pollen etc. vorkommen. Es kann einen schier umhauen, wenn man herausfindet, daß
die *Lieblingsnahrungsmittel die schlimmsten Allergene* sind. Aber
darin liegt einer der Gründe für die Allergien. Es ist kein Zufall, daß
die am häufigsten gegessenen Nahrungsmittel in unserer Gesellschaft auch die am weitesten verbreiteten Allergene sind. Dazu
gehören Weizen, Mais, Zucker, Kaffee, Milch, Erdnüsse, Schokolade, Eier, Orangen, Tabak, Tomaten, Rindfleisch und Hefe. Man ißt
die Nahrungsmittel, auf die man allergisch ist, täglich, da man exakt
die Wirkungen des Entzugs vermeiden will. Der Entzug bei einer
Nahrungsmittelabhängigkeit kann genauso alptraumhaft sein wie
der Drogenentzug! Ein klinischer Ökologe erinnert sich an eine
Patientin, die ihn bat, sie umzubringen, da sie mit dem Entzug nicht
fertig wurde. Kopfschmerzen, Müdigkeit, Depression, Arthritis
und andere Symptome sind geläufig. Der Nahrungsmittelentzug
dauert vier bis zwölf Tage, typischerweise ca. fünf Tage. Chemika-
lienentzug kann bis zu drei Wochen dauern. Man kann auch eine
maskierte Allergie auf sein eigenes Parfum (oder Kölnisch Wasser)
haben, das dann auch weggelassen werden muß. Man hört oft: „Das
Parfum anderer Leute stört mich, aber meines ist in Ordnung."
Wenn diese Person ihr Parfum eine Woche lang meidet und es dann
wieder benutzt, wird sie auch krank davon! Sie hatte dann die ganze
Zeit eine maskierte Allergie darauf.

Man fühlt sich vielleicht nach Genuß oder Inhalation eines Allergens *besser*, teilweise deshalb, weil es zu einem Adrenalinstoß
kommt. Diese Phase hat ihr Auf und Ab. Ißt man eine kleine Menge
eines Allergens oder sogar eine größere Menge eines Nahrungsmittels, das nur *leicht* allergen für den Körper ist, kann dadurch tatsächlich eine Überreaktion ausgelöst werden. Dieser folgt dann wieder
Müdigkeit, Depression usw. Lange bevor der Begriff „hyperaktiv"
benutzt wurde, haben Allergologen ein „Spannung-Müdigkeits"-
Syndrom bei Kindern beschrieben. Die Müdigkeit bezog sich darauf, daß einige Kinder nach einem überaktiven Tag frühzeitig in
einen festen Schlaf fielen. Die manische Depression ist wahrscheinlich auch eine Auf-und-ab-Reaktion von Allergenaufnahme und

-entzug. Einige psychiatrische Zeitschriften haben sogar Artikel veröffentlicht, die eine Verbindung zwischen Paranoia und Schizophrenie einerseits und einer Allergie auf Weizen und Milch andererseits herstellen. Die meisten Psychiater sind daran nicht interessiert.

Viele Menschen essen regelmäßig nur fünf bis zehn verschiedene Nahrungsmittel und gehen so von einer Allergie-Abhängigkeit zur nächsten. Wir sind eine abhängige Gesellschaft! Die rund um die Uhr geöffneten Läden wissen von den Süchten und halten nur Nahrungsmittel vorrätig, von denen die Leute einen „Schuß" brauchen. Sie werden dort keinen Kabeljau finden. Wir nennen diese Läden „Allergie-Abhängigkeits-Hauptquartiere".

Eine Abhängigkeit erzeugt die nächste. Der Zigarettenraucher und Kaffeetrinker ist wahrscheinlich auf diese Genußmittel allergisch; dadurch kann auch ein *Blutzuckermangel ausgelöst* werden. Ehemalige Raucher gehören zu den standhaftesten Nichtrauchern, weil sie die ganze Zeit dagegen allergisch waren! Wenn Sie eine Allergie-Abhängigkeit aufgeben, denken Sie nicht an Ihr restliches Leben. Denken Sie während des Entzugs nur an *fünf* Tage. Am Ende dieser fünf Tage werden Sie sich wahrscheinlich besser fühlen als jemals zuvor. Sie werden bei Ihrer optimalen Nahrungsmittelzusammenstellung bleiben wollen!

Kehren wir zum Koffein und seiner Verbindung zum Nikotin zurück. Das Verlangen nach einer Zigarette kann mit dem eben aufgenommenen Koffein zusammenhängen, oder mit Zucker oder einem Nahrungsmittel aus derselben *Nahrungsmittelfamilie* wie Tabak (dazu gehören Tomaten und Kartoffeln) oder damit, daß man den Rauch von jemand anderem eingeatmet hat. Trifft man jetzt die richtigen Maßnahmen, muß es für den Raucher keinen elenden, langwierigen Entzug geben, da diese anderen Faktoren einige der Entzugserscheinungen verursachten. Je schlimmer das Allergen – desto schlimmer der Entzug. *Und desto notwendiger.*

# Über den Alkoholismus

Lassen Sie uns den Alkoholismus genauer betrachten. In den 50er
Jahren hat Dr. Theron Randolph gezeigt, daß Alkoholismus nicht
eine Abhängigkeit von Alkohol sein muß, er kann genausogut eine
Abhängigkeit von anderen Nahrungsmittelbestandteilen im
Getränk sein [54]. Dies könnte etwa die Grundsubstanz des Alko-
hols sein, z. B. Weizen, Roggen (Whiskey), Kartoffeln (Wodka),
Reis (Sake), Trauben (Wein) oder Zucker, Hefe (Bier), Hopfen
(Bier) usw., die zugefügt wird. In den frühen Stadien des Alkoholismus gibt es meist ein Lieblingsgetränk, das die Allergie auf eine
bestimmte Substanz anzeigt. Der Alkoholiker braucht daher eine
komplette Allergietestung, um die Nahrungsmittel zu meiden, die
der Grund seines „Alkoholismus" sind. Der Verzehr solcher Nahrungsmittel kann ein Verlangen nach dem alkoholischen Getränk
auslösen, in dem diese enthalten sind! Meidet man solche Nahrungsmittel, kann der üble, langwierige Entzug wegfallen. Bei Alko-
holikertreffen essen die meisten Teilnehmer Kuchen, trinken Kaffee
und rauchen Zigaretten. Dadurch werden die zugrundeliegenden
Allergien, der niedrige Blutzuckerspiegel und die Candida-Erkrankung nicht angesprochen. Die beiden letzten Störungen gehören
wahrscheinlich dazu, wenn dem Alkoholiker „jedes Getränk recht
ist".

Lassen Sie uns das Konzept der *Nahrungsmittelfamilien* jetzt ein
wenig genauer betrachten. Verwandte pflanzliche oder tierische
Nahrungsmittel können Kreuzreaktionen hervorrufen, da sie ähnliche oder identische Eiweiße oder andere Bestandteile enthalten.
Getreide, z.B. Weizen, Roggen, Gerste, Mais, Hafer, Reis und Hirse
sind Gräser, die einigen Gräserpollen aus der Luft ähnlich sein können. Und alle, außer Reis und Hirse, enthalten große Mengen des
Proteins Gluten, das bei vielen Menschen Magen-Darm- und
Gehirn-Symptome verursachen kann. Läßt man sie lange genug
weg, werden *einige* Nahrungsmittel im Rahmen einer Rotation wieder vertragen, *wenn man sie abwechselnd ißt*. Das kommt daher,
daß die meisten Allergien wahrscheinlich zyklisch auftreten und
nicht andauernd bestehen. Nach Ihrer Allergietestung ist es wichtig,
daß Sie *nicht* anfangen, die „sicheren" Nahrungsmittel *jeden Tag* zu
essen, da diese dann auch allergen werden können.

Jetzt wissen Sie, das Sie sich in irgendeiner Weise auf Nahrungsmittelallergien testen lassen müssen. Dies kann man auf viele Arten machen. Wir sprechen uns gegen Hauttestungen aus, denn die besseren Allergologen haben schon immer gesagt, diese seien nur für Personen mit Hautallergien, also einen geringen Prozentsatz der Allergiker, ausreichend genau. Neuere Bluttests schließen verschiedene Typen der von Ärzten durchgeführten RAST-Bluttests ein. Zu einigen „freien" Allergietests gehört folgendes: Allergene Nahrungsmittel werden oft nicht richtig verdaut. Wenn Sie diese Nahrungsmittel in Ihrem Urin riechen oder in Ihrem Stuhl sehen können, sollten Sie sie nicht essen. Wir glauben, daß die genaueste, billigste und schnellste Methode die Angewandte Kinesiologie selbst sein kann (siehe Anhang B).

## Candida albicans und seine Wechselwirkung beim Menschen

Wir kommen nun zu der Rolle, die der Hefepilz Candida albicans bei chronischen Krankheiten spielt. Die Überwucherung mit diesem Pilz kann ein Grund für viele chronische, degenerative, immunologische und „emotionale" Erkrankungen sein. Dies schließt die Allergie selbst mit ein. Wir sollten beachten, daß Candida und andere Pilze und Hefen in jedem Darm gefunden werden und ebenso in der Luft und auf Nahrungsmitteln. Wenn nun eine Überwucherung (oder ein Energieungleichgewicht) auftritt, kommt es zur Erkrankung. Wir beginnen mit der Aufzählung möglicher Symptome von Candida-Erkrankungen. Wiederum können auch hier Allergien, andere infektiöse Zustände und viele weitere Faktoren einige dieser Symptome hervorrufen.

## Mögliche Symptome einer Candida-Erkrankung

Stuhl oder Atem mit schimmligem Geruch, frauenspezifische Beschwerden einschließlich Entzündung der Vagina, PMS (Prämenstruelles Syndrom), Wucherungen der Gebärmutterschleimhaut (der bakterienartige Mikroorganismus des Typs Chlamydia kann hier schuld sein), Fasergeschwulst der Eierstöcke oder der Gebärmutter, Sterilität, Unfruchtbarkeit; männerspezifische Beschwerden einschließlich Prostataentzündung; Allergien, belegte Zunge, schlechter Atem, Gasbildung, Blähbauch, Schmerzen, Durchfall,

Kolitis, Dünndarmentzündung, Verstopfung, Geschwüre, rautenförmiger Ausschlag, Mundfäule, pilzige Nägel und Sportlerfuß (hier
sind auch andere Pilze beteiligt, aber es geht hier um Menschen mit
Candida-Problemen), Hautbeschwerden, Akne, Schuppenflechte,
Herz: Arrhythmien, Mitralklappenprolaps, zu niedriger oder zu
hoher Blutdruck, das „dyslektische Herz" (die Entdeckung des
Autors), ferner Dyslexie, Hyperaktivität, Kopfschmerzen, Migräne,
Müdigkeit, Konzentrationsschwäche, schlechtes Gedächtnis
(besonders für Namen), schlechte Balance, Amnesie, Multiple
Sklerose, Abhängigkeiten – speziell von Süßigkeiten und hefehalti-
gen Nahrungsmitteln, emotionale Störungen – z.b. Schizophrenie,
Ohrenschmerzen, besonders bei kleinen Kindern, Asthma, Entzündung der Nebenhöhlen (wenn die Ernährungs- und Diätumstellung
bei den letzten beiden nicht hilft, kann Candida im Spiel sein), Bla-
sen- und Nierenprobleme, Immundefekte, Autoimmunkrankheiten
wie Lupus, endokrine Störungen – z.b. Schilddrüsenprobleme,
Risikoschwangerschaft, Probleme mit jeder feuchten Schleimhaut,
mouches volantes („Mückensehen"), zu niedriger oder zu hoher
Blutzucker, Candida-Septikämie: Candida im Blut.

## Mögliche Gründe für Candida-Erkrankungen

Die folgenden Faktoren haben zu den Candida-Epidemien in der
modernen westlichen Gesellschaft geführt: Antibiotika, Antibaby-
pillen, Kortison, übermäßiger Konsum von Süßigkeiten – Saccharose ist am schlimmsten –, übermäßig hefehaltige Nahrungsmittel,
nährstoffarme Nahrungsmittel, künstliche oder Fertignahrungsmit-
tel, Hunger (die Candida-Erkrankung nimmt auch im hungernden
Afrika überhand), Nahrungsmittel mit erhitzten Ölen oder anderen
freien Radikalen, Allergien, sexueller oder naher Kontakt kann diesen Hefepilz übertragen, endokrine Störungen, Toxizität, Strahlung,
jeder Streß für das Immunsystem, die Giftigkeit von Fluoriden,
genetische Veranlagung, Schwangerschaft, die Aufnahme von
Schimmel aus der Umwelt – entweder zu Hause (im Keller oder
Badezimmer) oder in der Umgebung, z.B. in feuchten Gebieten,
hohes Alter, Immunschwäche.

Als Hauptschuldige werden *Antibiotika* angesehen. Manchmal
löst eine einzige Antibiotikagabe (oder Antibabypille) ein lebens-
lang fortschreitendes Elend aus! Antibiotika vernichten Bakterien,

die Ihnen schaden oder nicht; aber sie vernichten auch die gute Flora, die in unserem Darm lebt. Diese hilfreichen Bakterien, wie der Acidophilus, halten jeden anderen Darmpilz und andere Hefen unter Kontrolle und hindern sie an der Überwucherung. Der Acidophilus erfüllt viele andere nützliche Funktionen, wie z.B. die Herstellung von Vitaminen und Enzymen sowie deren eigene Antibiotika. Doch die meisten antibiotischen Medikamente töten den Acidophilus ab und verhelfen der Hefe dadurch zu einem großen Sieg. Zwar haben Antibiotika in den letzten 50 Jahren viele Leben gerettet, aber heute werden sie von westlichen Ärzten oft mißbraucht. Oft ist eine Erkältung eine Virus-Infektion (oder gar eine fehldiagnostizierte Allergie), und eine antibakterielle Medikation ist daher *vollkommen verkehrt*. Unser Immunsystem kann sich in seinen besten Zeiten hervorragend gegen Pilze wehren. Die zusätzliche Hilfe, die es von seiten der guten Darmflora bekommt, sollte nicht behindert werden.

Die *Antibabypille* besteht aus progesteronähnlichen Hormonen, die als Nebenwirkung die Scheidenschleimhaut verändern und die Überwucherung mit Candida fördern. Hefen bevorzugen dunkle, nasse oder feuchte Stellen, sei es nun im oder am Körper oder in Ihrem Keller. Während der Schwangerschaft wird ebenfalls vermehrt Progesteron freigesetzt, auf dessen Konto die häufigen Scheideninfektionen vieler Frauen in dieser Zeit gehen.

*Kortison* schwächt das Immunsystem – für diesen Zweck wird es bei Organtransplantationen eingesetzt – und hebt auch den Blutzucker an. Hefen haben ebenfalls Rezeptoren für ähnliche Substanztypen, und so wird aus allen diesen Gründen von solchen Medikamenten die Überwucherung mit Hefen gefördert. Quecksilberzahnfüllungen (das sogenannte „Silberamalgam") haben sich als neurotoxisch, immuntoxisch und sogar antibiotisch erwiesen. Bakterien und Pilze im Mund können Quecksilber in Methylquecksilber umwandeln, das noch giftiger ist und antibiotisch wirkt. Ihr Acidophilus kann also auch so getötet werden.

Der Kontakt mit *Schimmel aus der Umwelt* ist eine heimtückische und geradezu erdrückende Belastung. Schimmel bevorzugt Feuchtigkeit und dunkle Stellen wie etwa Lüftungssysteme. Verwenden Sie zur Entfernung von Schimmel Borax, Zephiran oder Chlor. Vielleicht können Sie jemanden für diese Arbeit bekommen,

der keine Allergien hat. Stellen Sie sicher, daß Ihr Schlafzimmer,
Bad, Wohnzimmer usw. nicht schimmlig sind. In bestimmten geographischen Gebieten kommt ausgedehntes Schimmelwachstum
besonders stark vor. Dazu können Täler, Küsten und Seegebiete
gehören.

Vieles in der modernen Ernährung kann zu einer Überwuche-
rung mit Hefen führen. Es heißt, die durchschnittliche heutige
Ernährung enthalte hundertmal mehr Zucker, als unsere Großeltern
zur Jahrhundertwende verzehrten. Saccharose ist die schlimmste
Form von Zucker und der Favorit der Hefe. Wenn man also saccha-
rosehaltige Nahrungsmittel ißt, so füttert man Candidas „süßen
Zahn". Jede konzentrierte Süßigkeit kann die Überwucherung mit
Hefe fördern. Obst ist voll von einfachen Zuckern. Wenn Sie ein
Candida-Problem haben, nehmen Sie komplexe Kohlenhydrate zu
sich, wie Getreide, Kartoffeln, Süßkartoffeln und keine einfachen
Kohlehydrate wie Obst oder Zucker. Die heutige Ernährung enthält
auch eine Menge Hefe und Schimmel. Sie werden diese Nahrungsmittel meiden müssen, um ein Candida-Problem *oder eine Schim-
melallergie* loszuwerden.

## Hefe- und schimmelhaltige Nahrungsmittel

Dazu gehören folgende Nahrungsmittel: Käse und andere Milchprodukte, alkoholische Getränke, alles Gereifte und Fermentierte
oder Gemälzte, Essig und alles Essighaltige (Senf, Ketchup, Mayonnaise, Salatsoßen, Mixed Pickles), Sojasoße, Tamari, Trockenfrüchte, Pilze, Natriumglutamat, Bäckerhefe in Backwaren (Bakterien-
kulturen und Backpulver können als Ersatz verwendet werden,
damit der Teig geht) und auch Bierhefe. Bierhefe findet man in
alkoholischen Getränken *und einigen Vitaminergänzungen*. (Die
Einnahme von bierhefehaltigen Nahrungsergänzungen war ein ent-
scheidender Faktor, der beinahe zum frühzeitigen Ableben des
Autors geführt hätte.) In den USA wird schimmliges, altes Obst, das
nicht mehr verkauft werden kann, oft zu *Fruchtsäften* und *Baby-
nahrung* verarbeitet. Meiden Sie Nahrungsmittel, die während ihrer
Verarbeitung und Lagerung Schimmel auffangen. Dazu können
Erdnüsse und andere Nüsse gehören, aber auch Getreide, Kräuter
und Gewürze. Erdnüsse enthalten außerdem ein wirksames Kanze-
rogen, das Aflatoxin – ein Schimmelprodukt. Alles, was eine große

Oberfläche hat, kann Schimmel und andere Hefen anziehen. Deshalb kann Hackfleisch ein Problem verursachen, Steakfleisch nicht. Entsprechend kann jedes Nahrungsmittel, das zu lange offen stehen gelassen wurde, Schimmel auffangen.

Leiden Sie unter dem HAC-Syndrom (Hypoglykämie, Allergien, Candida), meiden Sie das Obstfrühstück, das leider in einigen neueren Bestsellern bevorzugt wird. Zum Frühstück können Sie all das essen, was Sie zu jeder anderen Mahlzeit auch essen würden! Essen Sie möglichst zu jeder Mahlzeit etwas grünes Gemüse.

# Die Symptome der Candida-Erkrankung

Eine Candida-Erkrankung kann immunologische, endokrinologische, neurologische, stoffwechselbedingte und chronische, degenerative körperliche und seelische Krankheiten verursachen. Eine vollständige Anamnese und entsprechende diagnostische Tests können Candida als Schuldigen identifizieren. Wenn die Beschwerden des Patienten vielseitig und komplex sind und von den Beschwerdebildern abweichen, die der Arzt auf der Universität gelernt hat, sollte man eine Candida-Erkrankung in Betracht ziehen.

Die medizinische Lehrmeinung besagt, daß Candida- *oder andere Pilzerkrankungen* auf Mundsoor, Scheidenentzündung, Nagelpilz, Sportlerfuß und die Candida-Septikämie beschränkt sind. Das letztere betrifft nicht untersuchtes Hefewachstum im Blut von Leukämiepatienten, die ihr Immunsystem schon durch Bestrahlung und Chemotherapie aufs Spiel gesetzt haben. Da nun der Pilz feuchte Schleimhäute bevorzugt, ist es leicht einzusehen, wie leicht Candida überall im Magen-Darm-Trakt wachsen kann – vom Mund (Soor) bis zum Anus (rautenförmiger Ausschlag). Die Lungen (Asthma) und die Nebenhöhlen können auch „Treffpunkte" werden. Schleimhäute unter der Haut und in den Gehörgängen werden auch von Hefen bevorzugt, wenn die lokale Ökologie oder das Immunsystem gefährdet sind.

In seiner aggressiven Form bildet Candida albicans Myzele – zweig- oder fadenartige Strukturen, die sich in menschliche Zellen bohren und Nährstoffe herausholen können. Dies kann ein Grund für einen *durchlässigen* Magen-Darm-Trakt sein, der *unverdaute* Nahrungsmittel ins Blut übertreten läßt und daher zu Allergien führen kann. Parasiten, wie Lamblien und Amöben, können diese gastrointestinale Durchlässigkeit ebenfalls bewirken.

Candida kann im Körper Probleme an Stellen verursachen, die *weit* von der Stelle entfernt sind, an der die Überwucherung erscheint. Das kommt daher, daß seine Abfallprodukte ins Blut übertreten und so im Körper überall hin gelangen können. Der Autor glaubt, daß Candida eine häufige Ursache für einen niedrigen Blutzuckerspiegel sein kann, wie gleich ausgeführt wird. Ein niedriger Blutzuckerspiegel kann entweder durch ein schnelles Candida-Wachstum oder paradoxerweise durch den *„Absterbe-Effekt"* entstehen. Die größten Toxinmengen können während dieser Absterbeperiode freigesetzt werden. Darmspülungen können empfohlen werden, um den Candida auszuschwemmen, bevor Antimykotika zur Reduzierung der Organismen und somit der Absterberate gegeben werden. Die Absterbephase oder *„Herxheimer Reaktion"* kann bei Candida tage- oder wochenlang anhalten. Je größer die Überwucherung ist, desto schlimmer kann die Absterbephase sein. Welche Symptome auch immer vor der Anti-Candida-Behandlung bestanden, sie können sich während der Absterbephase verschlimmern.

Der Autor stellte die Hypothese auf, daß eine Candida-Erkrankung mittelbar oder unmittelbar eine der Ursachen für niedrige (Hypoglykämie) oder hohe Blutzuckerspiegel sein kann. Daher die Bezeichnung „HAC" (Hypoglykämie, Allergien, Candida). Candida-Gifte aus einer Überwucherung *oder* einem Zerfall werden bevorzugt von der Bauchspeicheldrüse aufgenommen. Unsere Arbeit weist darauf hin, daß Candida-Gifte einige der Imbalancen, die Sie in diesem Buch mit den Techniken der Angewandten Kinesiologie zu korrigieren gelernt haben, verursachen können.

## Antipilzmittel

Zu den natürlichen Substanzen, die zur Bekämpfung von Candida benutzt werden, gehören Jod, Gentianaviolett, Knoblauch, Pau D'Arco, Australisches Teebaumöl, Nelken, Echinacea, Acidophilus – die Wiederherstellung der guten Darmbakterien, Selen, Magnesium und Molybdän. Selen und Magnesium sind hier oft am wichtigsten. Suchen Sie einen Fachmann auf. Denken Sie daran, daß die Energiebalance-Techniken hier entscheidend sind.

Da Sie jetzt wissen, was es mit Allergien, Blutzuckerproblemen und Candida-Erkrankungen auf sich hat und wie man diesen begegnet, werden Sie wahrscheinlich gesünder und länger leben!

# Anhang B
# Der Muskel-Biofeedback-Test oder: Angewandte Kinesiologie

Es ist nicht notwendig, auf die in diesem Buch korrigierten Imbalancen zu testen. Denn die Korrekturen werden, selbst wenn sie nicht nötig waren, wahrscheinlich keine schädliche Reaktion hervorrufen. Diese Korrekturen sind nur harmlose Energiebalancen. Es gibt jedoch eine Methode, auf viele der in diesem Buch dargestellten Imbalancen zu testen. Dies geht bemerkenswert schnell, ist billig und kann ziemlich genau sein, wenn Sie das erst einmal eine Zeitlang machen. Sie können auf den Mangel an Herzintegration (dyslektisches Herz), den Mangel an Integration der Gehirnhälften und all die anderen Imbalancen testen, die wir in diesem Buch zu korrigieren gelernt haben. Diese Methodenlehre heißt „Muskel-Biofeedback-Test" oder „Angewandte Kinesiologie". Wir verwenden diese beiden Begriffe im gleichen Sinne.

Damit wir den Körper auf Imbalancen testen können, brauchen wir ein Rückmeldesystem (feedback), das uns die Informationen über den jeweiligen Zustand des Körpers und seine Reaktionen auf äußerliche Reize gibt. Das Biofeedback [55] ist heutzutage zu einem gängigen Konzept geworden. Streßmanagement und Lügendetektoren – beide von der Schulmedizin anerkannt – machen sich die Veränderungen der elektrischen Leitfähigkeit in der Hautzelle als Reaktion auf etwas so „Esoterisches" wie Gedanken oder das Gedächtnis zunutze.

Kleine Veränderungen in der Muskelkraft können ebenfalls als Rückmeldesystem dienen. Erinnern Sie sich an die Ausführungen in Kapitel 2, daß Goodheart in den 60er Jahren die energetische Verbindung von einzelnen Muskeln mit den entsprechenden Meridianen entdeckte. Und diese Meridiane sind seit Tausenden von Jahren dafür bekannt, daß sie die Körperorgane mit Energie versorgen.

Somit gibt es ein Rückmeldesystem von den Muskeln zu den Meridianen und von den Meridianen zu den Organen.

Dies ist die *Muskel-Meridian-Organ-Verbindung*. Wenn man also die Muskelkraft als Rückmeldung benutzt, kann man den Zustand des zugehörigen Meridians (so gut wie den Muskel selbst) unmittelbar beurteilen. Indirekt kann auch der energetische Zustand des Organs durch das Testen seines zugehörigen Muskels abgeschätzt werden. Da der energetische Zustand eines Organs nicht unbedingt in Wechselbeziehung mit einem pathologischen Zustand steht, möchten wir vor dem Mißverständnis warnen, der Muskeltest sei in irgendeiner Weise „medizinisch".

Obwohl die Angewandte Kinesiologie ursprünglich von Goodheart entwickelt wurde, um Muskel- und Wirbelsäulen-Imbalancen zu testen, hat sie sich seither ziemlich weit verbreitet. Der mögliche Nutzen des Muskeltestens und Balancierens ist im Gesundheitswesen praktisch unbegrenzt! Diese Methoden werden heute von Chiropraktikern, Ärzten (einschließlich einiger Allergologen), Zahnärzten, Ernährungsfachleuten, Psychologen, Masseuren, Erziehern, Sehtherapeuten und vielen anderen genutzt. Selbst in der einfachsten Form kann man mit dieser Methode eine Imbalance beurteilen und die Balance in Muskeln, Meridianen, der Wirbelsäule, im Lymph- und Kreislaufsystem wiederherstellen. Viele Imbalancen können damit *sofort* getestet werden. Allergietestungen werden durch die Angewandte Kinesiologie erleichtert. Zahnärzte können Zahnprobleme ausmachen und Psychologen emotionalen Streß rasch aufdecken und korrigieren.

Bevor wir unseren ersten Muskeltest durchführen, müssen wir einige Faktoren auflisten, die seine Genauigkeit beeinträchtigen können.

## Idealbedingungen für den Muskel-Biofeedback-Test

Machen Sie sich nichts daraus, wenn Sie nicht ganz unter den folgenden idealen Umständen testen können. Machen Sie es einfach so gut sie können.

Schauen Sie während des Tests geradeaus. Halten Sie den Atem nicht an – Sie können während des eigentlichen Tests ruhig atmen. Verspannen oder verdrehen Sie während des Tests keine Muskeln und beteiligen Sie auch keine nicht zugehörigen Muskeln. Geben Sie während des Tests Ihr Bestes, aber lassen Sie es zu, wenn ein Muskel schwach wird. Nehmen Sie am Körper befindliches Metall ab, insbesondere elektrische Uhren und Metall am Hals (Schmuck) und auch solches, das die Mittellinie des Körpers kreuzt. Machen Sie sich von negativen Gedanken frei, denn diese könnten zu schwachen Reaktionen führen – halten Sie den Geist „leer". Tragen Sie locker sitzende Baumwollkleidung, hellere Farben sind am besten. Arbeiten Sie bei natürlichem Licht. Schließen Sie Nebengeräusche aus. Testen Sie nicht, wenn Sie Hunger oder Durst haben.

Die folgende Vorübung kann ein „*Switching*" korrigieren, das durch weniger ideale Bedingungen entstanden sein kann. Bedenken Sie: „geswitcht" zu sein bedeutet nicht nur, daß Ihre Testungen etwas ungenau werden. Es bedeutet auch, daß Ihre Energie und Ihre Gesundheit betroffen sind. Die Kinesiologen bezeichnen als „Switching" oder *neurologische Desorganisation* einen Zustand, bei dem Imbalancen in den Schaltkreisen des Körpers entstehen; diese können eine der „ungeswitchten" oder richtigen Reaktion entgegengesetzte Muskelantwort verursachen. Es gibt Vorübungen zur Switchingkorrektur, damit Genauigkeit gewährleistet ist. Führt man den Muskel-Biofeedback-Test ohne diese Vorsorgemaßnahmen durch, kann er ungenau sein.

# Vorübung zur Switching-Korrektur für den Klienten

1. Reiben Sie den Nabel und die beiden Punkte an Ober- und Unterlippe (siehe Abbildung 46) gleichzeitig.

2. Reiben Sie den Nabel und die beiden Punkte Ni 27 (siehe Abbildung 46). Die Nierenpunkte 27 sind Akupunkturpunkte des Nierenmeridians unter dem Schlüsselbein neben dem Brustbein.

3. Reiben Sie den Nabel und das Steißbein (nicht abgebildet), das sich direkt über dem Anus befindet.

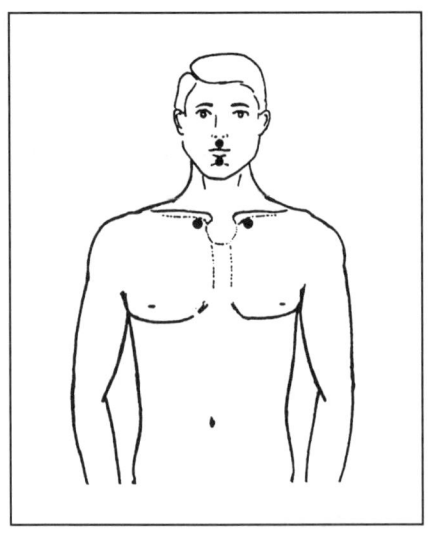

**Abbildung 46:**
*Punkte zur Switching-Korrektur. Reiben Sie diese Punkte und halten Sie dabei den Nabel. Nehmen Sie auch den Steißbeinpunkt dazu (nicht abgebildet).*

Reiben Sie mit beiden Händen jedes Paar der Korrekturpunkte 10 Sekunden lang. Diese drei Korrekturen bringen vorübergehend das Oben-unten-, Links-rechts- und Vorne-hinten-Switching in Ordnung. Diese drei Dimensionen sind auch als Pitch, Roll und Yaw bekannt. Sie beziehen sich auf das Körperbewußtsein im dreidimensionalen Raum.

Nun sind wir soweit. Wir verweisen auf Abbildung 47. Lassen Sie den Klienten seinen Arm seitlich gerade ausstrecken; der Tester steht vor ihm, und zwar *ein wenig seitlich der Mitte*. Stabilisieren Sie die gegenüberliegende Schulter mit der Hand, die nicht testet, wie abgebildet. Dadurch werden Verdrehungen verhindert; manch einer will auch andere Muskeln einsetzen als den, der getestet wird.

## Regeln des Muskeltestens

1. Bevor Sie anfangen, fragen Sie, ob Verletzungen vorliegen.

2. Der Klient sagt „stop", falls Schmerzen auftreten.

3. Der Tester legt seine Finger oder seine Hand kurz hinter dem Handgelenk flach auf den ausgestreckten Arm. Umfassen oder drücken Sie den Arm nicht.

4. Der Tester sagt „halten", kurz bevor er den Arm nach unten drückt.

5. Der Tester kann dem Klienten den Bewegungsablauf zuerst zeigen, d.h. er nimmt den Arm des Klienten und drückt ihn einige Zentimeter nach unten, ohne daß dieser sich widersetzt.

6. Nun hält der Klient den Arm wie in Abbildung 47 gezeigt und versucht den Muskel zu spannen, damit der Arm sich nicht nach unten bewegt, wenn der Tester beginnt, ihn sanft in diese Richtung zu drücken.

7. Der Tester baut den Druck *sehr langsam* auf. *Während der ersten Sekunde wird fast gar keine Kraft aufgewendet.* Das ist sehr wesentlich, damit der Klient wirklich *spüren* kann, was geschieht!

8. Der Tester drückt etwa zwei Sekunden.

9. Der Tester sollte den Arm mit konstantem Druck nur so lange hinunterdrücken, bis er sich einer Reaktion sicher ist. Ist diese schwach, so braucht er den Arm nicht weiter als ca. 15 cm hinunterzudrücken.

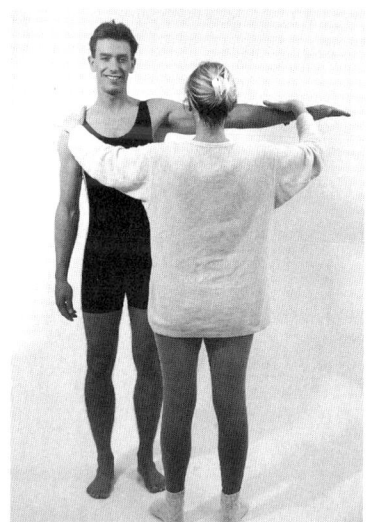

**Abbildung 47:**
*Vorgehensweise beim Muskeltesten, mit dem Sie heute beginnen können!*

Der häufigste Fehler beim Lernen dieses Tests ist der, zu bald zu fest zu drücken. Ganz wenige Menschen drücken zu leicht und scheinen es vermeiden zu wollen, daß ihr Partner eine schwache Reaktion zeigt. Ein Test auf Genauigkeit besteht darin, daß man den Klienten eine wahre Behauptung machen läßt, z. B. „Ich heiße (richtiger Name)". Testen Sie schnell. Der Muskel sollte stark sein. Sagt der Klient „Ich heiße (falscher Name)", sollte der Muskel schwach testen. Dies legt nahe, daß Sie das Switching berücksichtigt haben.

Wenn Sie im Muskel-Feedback-Testen geübt sind, können Sie auf zwei zusätzliche Imbalancen testen. Testen Sie auf Wasser, indem Sie zunächst prüfen, ob Sie einen starken Muskel haben. Dies nennt man „Testen im *Klaren*", da Sie nichts weiter als den Muskel selbst testen. Es heißt auch „*einen starken Indikatormuskel*" finden. Der Wassertest besteht darin, daß Sie einfach (leicht) an einer Haarsträhne des Klienten ziehen, während Sie den starken Indikatormuskel testen. Wenn der Muskel schwach testet, geben Sie dem Klienten etwas klares Wasser zu trinken und testen Sie ein paar Sekunden später noch einmal. Der Muskel sollte nun stark sein! Wir bestehen zum größten Teil aus Wasser und ein Zuwenig schwächt (und switcht) den Körper leicht. (Schwache Muskeln können auch von da herrühren.) Als nächstes testen wir die Blutzucker-Energie-Imbalance, wobei wir uns auf Abbildung 48 beziehen.

## Der „Blutzucker-Energie-Test"

1. Plazieren Sie den Daumen ca. 2,5 cm über den Nabel und

2. gleichzeitig den Zeige- und Mittelfinger (die sich an den Fingerspitzen berühren) ca. 2,5 cm links vom Daumen.

3. Testen Sie nun den starken Indikatormuskel.

4. Ist er schwach, empfehlen Sie dem Klienten, etwas Verträgliches zu essen oder die als „Blutzucker-Energie-Balance" bekannte Energiebalance durchzuführen, die auf Seite 100 beschrieben ist.

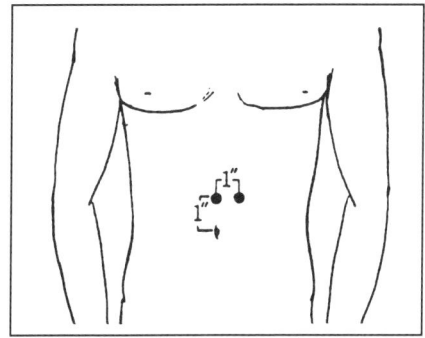

**Abbildung 48:** *Die Test-punkte für den Blutzucker-Energie-Test.*

Damit man genaue Muskel-Biofeedback-Testungen durchführen kann, müssen die Imbalancen durch Wassermangel und fehlerhaften Blutzuckerspiegel getestet und korrigiert werden.

Lassen Sie sich Zeit, um Ihr „Fühlen" oder die Rückmeldung Ihrer Muskeltests zu vervollkommnen. Variieren Sie den Druck entsprechend der Stärke des Klienten. Wenden Sie für die Schwarzeneggers größere Kraft an (aber beginnen Sie immer noch langsam) und viel weniger für ein fünfjähriges Mädchen. Vergessen Sie nicht, daß dies *kein* Willens- oder Muskelwettbewerb ist. Es ist ein Test, um festzustellen, ob ein Muskel auf eine bestimmte Herausforderung hin im Test *sperrt*. Es ist erstaunlich, daß eine schwache Reaktion nur ca. 10% schwächer ist als eine „starke" Reaktion. Deshalb wurde diese feine Reaktionsüberwachung bis vor kurzem nicht beachtet.

Nach einigen Vortests sollten Sie wissen, ob ein Muskel stark ist oder nicht. (Das ist der ganze Zauber.) Wir sind nun soweit, daß wir auf Umweltempfindlichkeiten testen können.

Unsere Testungen umfassen nur „Energie"-Tests. Wenn eine Substanz am Körper plaziert wird, kann der Muskel-Biofeedback-Test mit großer Genauigkeit angewendet werden! Die Hypothese, wie das funktioniert, ist folgende: Jede Substanz im Universum hat ihr eigenes charakteristisches elektromagnetisches Feld; und die Meridiane (nahe der Haut) sind ihrer Natur nach auch elektromagnetisch. Ein Allergen hätte demnach ein Feld, das mit den Meridianenergien des Körpers nicht harmoniert. Dies schwächt den Meridian, der seinerseits unsere Muskeln um diese fast unmerklichen 10% schwächt.

## Testen auf Empfindlichkeiten

Wir verwenden das Testschema in Abbildung 49. Wir testen hier auf Energie-Imbalancen oder Empfindlichkeiten, nicht auf medizinische Allergien. Zur Region 1 gehören Milz/Bauchspeicheldrüse. Region 2 ist die Leber. Punkt 3 ist der „Alarmpunkt des Dreifachen Erwärmers" aus der Akupunkturtheorie, ca. 2,5 cm unter dem Nabel. (Dieser Punkt bewertet endokrine Imbalance.) Punkt 4 ist der Thymus.

1. Halten Sie das Nahrungsmittel über jedes/n der vier Gebiete/ Punkte. Drücken Sie es niemals fest an den Körper, halten Sie es nur leicht dagegen.

2. Testen Sie jedes Mal, wenn das Nahrungsmittel an einen Punkt oder ein Gebiet gehalten wird.

3. Wenn Sie ein schwaches Testergebnis an nur einer Stelle bekommen, hören Sie auf. Sie haben eine Energieempfindlicheit entdeckt.

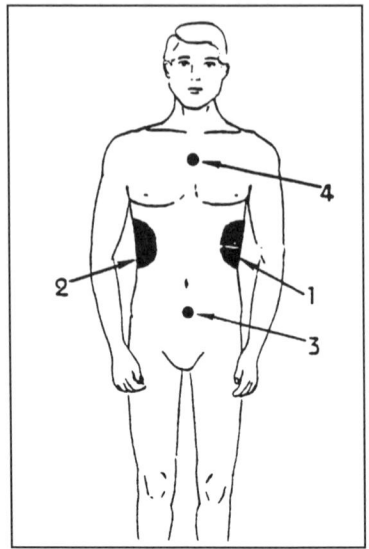

**Abbildung 49:**
*Testschema für Sensibilität*

Dieses Schema ist ein Leitfaden, der geändert werden sollte, wenn es die Umstände erfordern. Wenn z. B. ein Arzt den Verdacht hat, daß ein Nahrungsmittel Arthritis im Knie verursacht, kann er das Nahrungsmittel *dort* plazieren und testen! (An über der Hälfte der Empfindlichkeiten einer Person scheint eine Imbalance der Leber- oder Bauchspeicheldrüsen-Energie beteiligt zu sein.) Die Ergebnisse zeigen sich oft nicht bei der traditionellen medizinischen Allergietestung. Die meisten dieser Tests sind als *ungenau* für Nahrungsmittel bekannt. Deshalb lassen viele Allergologen ihre Patienten leiden; *sie ignorieren Nahrungsmittelallergien* und beschäftigen sich nur mit Pollenallergien, obwohl diese Patienten immer Nahrungsmittelallergien haben, die sie mehr beeinträchtigen als Pollenallergien! Der Muskel-Biofeedback-Test kann 95% der „Empfindlichkeiten" einer Person herausfinden.

Testen Sie nur einzelne Nahrungsmittel, keine Zusammensetzungen. Lassen Sie Nahrungsmittel nicht länger als zehn Sekunden auf dem Körper liegen, da sich die Körperenergien an den Streß „gewöhnen" können. Diese Art Test bietet Möglichkeiten, die allen anderen Tests fehlen. Sie können fluoreszierende Gegenstände testen, Fernseher, Klänge, Farben usw. Sie können Dinge dadurch testen, daß Sie sie anschauen oder sich unter oder neben sie stellen, solange Ihre Sinne sie aufnehmen. Zurück zu den Nahrungsmitteln. Wenn ein Apfel eine schwache Reaktion verursacht, können Sie die Schale, die Samen und das Fruchtfleisch separat testen. Testet die Schale schwach, so kann dies an Schimmel oder Pestiziden liegen. Versuchen Sie es mit einem biologischen Apfel!

Zur genauen Testung auf Vitaminempfindlichkeiten haben wir einen zusätzlichen Schritt dazugenommen. Brechen Sie einfach ein winziges Stück ab und testen Sie an den Testpunkten von Abbildung 49!

Vergessen Sie nicht: der genaueste Test ist die Wirklichkeit selbst. Doch der Muskel-Biofeedback-Test kann bei optimaler Anwendung schnell, billig und genau sein und er provoziert keine Symptome.

Und nun schauen wir einmal, wie wir testen können, ob es nötig ist, die Rochlitz-Herz-Integrations-Übungen zu machen.

## Testschema für die Herz-Integration

1. Malen Sie ein großes „X" auf ein leeres Blatt Papier.

2. Testen Sie den starken Indikatormuskel. Vergewissern Sie sich, daß er sperrt (stark).

3. Plazieren Sie die Hand des Klienten über seinem Herzen. Das sollte stark testen.

4. Dann schaut der Klient, während die Hand noch über dem Herzen liegt, das „X" an. Dieses halten Sie in Augenhöhe ca. 30 cm von ihm weg.

5. Testen Sie nun gleichzeitig. Wenn der Muskel schwach wird, liegt eine nicht-medizinische Störung, das „dyslektische Herz", vor.

Jemand mit einer Herzkrankheit kann sehr gut stark testen und ein integriertes Herz anzeigen. Und jemand mit einem perfekten Herzen kann schwach testen – die beiden Hälften sind im Augenblick nicht integriert. Dies hat nichts mit irgendwelchen medizinisch relevanten Beschwerden zu tun.

   Nun sind wir bereit für einen mühelosen Test auf mangelnde Gehirnhälftenintegration.

## Test auf Integration der beiden Gehirnhälften

1. Malen Sie ein großes „X" auf ein leeres Stück Papier.

2. Vergewissern Sie sich, daß Sie einen starken Indikatormuskel haben.

3. Halten Sie das „X" mit einem Abstand von ca. 25 cm in Augenhöhe vor den Klienten.

4. Testen Sie wieder gleichzeitig – dies ist der eigentliche Test. Ist er schwach, haben Sie einen Mangel an Gehirnintegration entdeckt. Diagnostizieren Sie keine Dyslexie, denn das ist bloß ein Name und Sie machen ja sowieso die Korrektur gleich.

# Test auf die Hand- und Gangkoordinations-Reflexe

Hier besteht der Test für die Hand- oder Gangkoordinations-Reflexpunkte darin, daß man einfach jeden Punkt berührt und gleichzeitig testet.

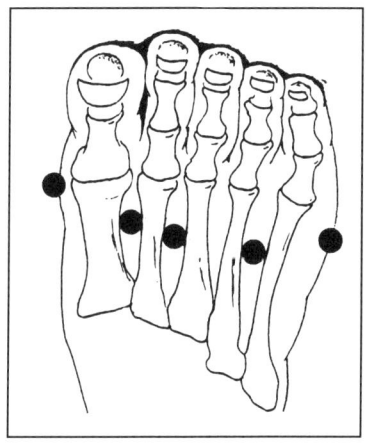 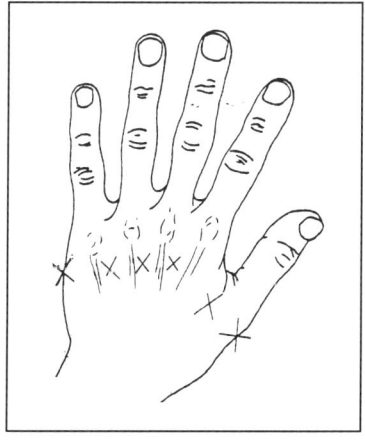

**Abbildung 50:**
*Gangkoordinations-Reflexpunkte*

**Abbildung 51:**
*Handkoordinations-Reflexpunkte*

# Anhang C
## Adressen

Prof. Steven Rochlitz

Human Ecology Balancing Sciences (H.E.B.S.) Inc.

P.O. Box 737 Mahopac, N.Y. 10541 U.S.A.

Tel. (914) 228-4162 Fax: (914) 228-4615

Sie können die Methoden dieses Buches und weitere nutzen, um Wohlbefinden zu erreichen oder um ein Zertifikat zu erwerben, wenn Sie diese Methoden zu Beruf oder Berufung machen wollen. Schreiben Sie uns, wir teilen Ihnen mit, welcher geprüfte H.E.B.S.-Instruktor in Ihrer Nähe ist, der nicht-medizinische Energietestungen und Balancen im Erziehungs- und Forschungsbereich durchführt und H.E.B.S.-Kurse unterrichten kann. Es lohnt sich wirklich, weit zu reisen, um einen unserer geprüften Absolventen zu erleben! So können Sie die in diesem Buch dargestellten Methoden genauer kennenlernen. *Fügen Sie Ihrer Anfrage einen frankierten und adressierten Rückumschlag bei.*

Der Autor führt Basis- und Fortgeschrittenen-H.E.B.S.-Seminare in der ganzen Welt durch. Sie können auch wegen einer Förderung dieser Seminare Kontakt mit uns aufnehmen; wir senden Ihnen dann Unterlagen über die Bedingungen zu.

Wenn Ihnen der Grund Ihrer Beschwerden nicht klar ist, ist es klug, zuerst zu einem Arzt zu gehen. Wir haben jedoch beobachtet, daß es gut ist, seine Hoffnungen und Finanzen nicht „einer Katze im Sack" anzuvertrauen. Wenn Ihnen jemand helfen kann, so werden Sie dies nach einem einzigen Besuch spüren!

Wir haben das Human Ecology Balancing Sciences (H.E.B.S.) System ins Leben gerufen, um Anleitung und nicht-medizinische Sitzungen auf den Gebieten Ökologie, Ernährung, Integrationsübungen und Kinesiologie anzubieten.

Wir empfehlen Ihnen ausschließlich unsere eigenen geprüften Instruktoren, um gute Ergebnisse zu erzielen.

Deutschsprachige Interessenten wenden sich an:

Tim Kaufmann
Paul-Ehrlich-Straße 22
D-51643 Gummersbach

Hier erhalten Sie Anschriften von Instruktoren und/oder Therapeuten, die für die Anwendung und Weitervermittlung der Rochlitz-Übungen vom Autor selbst ausgebildet und zertifiziert wurden.

# Anhang D
# Literaturverzeichnis

[1] Rochlitz, Steven: „Heart and Brain Integration: A New Unified Approach." International Journal of Touch For Health, 1986: 24-26

[2] Cantin, Marc and Genest, Jacques: „The Heart as an Endocrine Gland." Scientific Americain, 254/2: 76-81

[3] „Heart Peptide Goes to the Head." Science News, 131: 68

[4] Rochlitz, Steven: Allergies and Candida: with the Physicist's Rapid Solution. 1988 (1st Ed.), 1991 (3rd Ed.) New York: Human Ecology Balancing Sciences, Inc. Deutsch: Die fehlende Dimension: Energiebalance. Mit Kinesiologie gegen Allergien und Candida. München 1992: Knaur (Alternativ heilen)

[5] Rochlitz, Steven: siehe [1] und [4]

[6] ebd.

[7] „New Non-Invasive Test For Dyslexia." The Human Ecology Balancing Scientist, Bd. 1, #4

[8] „Proof Of Increased Stretch After The Rochlitz Heart Integration." The Human Ecology And Energy Balancing Scientist, Bd. 3, #3.

[9] „Meta-Integration Breakthrough Announced." The Human Ecology Balancing Scientist, Bd. 1, #1

[10] ebd.

[11] Rowe, Albert H. and Albert Jr.: Food Allergy, Its Manifestations And Control And The Elimination Diets: A Compendium. C.C. Thomas, 1972

[12] J. Karjalainen et al.: „A Bovine Peptide as a Possible Trigger of Insulin Dependent Diabetes Mellitus." New England Joumal of Medcine 1992, 327: 302-307

[13] Goodheart, Robert and Shils, Maurice: Modern Nutrition In Health And Disease: Dietotherapy. 5th Ed. Philadelphia: Lea & Febiger 1976

[14] Livingston-Wheeler, Virginia and Addeo, Edmund: The Conquest Of Cancer: Vaccines And Diet. New York: Franklin Watts, 1984

[15] Formaldehyde and Other Toxins Related to Brain Dysfunction; The Human Ecology Balancing Scientist, Bd. 2, Nr. 1

[16] „More On Aspartame As Brain Killer". The Human Ecology Balancing Scientist. Bd. 2, Nr. 2, Sept. 1988

[17] Kirschmann, John D.: Nutrition Alamanac. New York: McGraw Hill, 1984

[18] „Aspirin: to prevent heart attacks?" Consumer Reports, Okt.1988; S. 616-618

[19] „New Form Of Vitamin C Helps Some To Take Vitamin C Without Bladder Frequency Symptoms." The Human Ecology And Energy Balancing Scientist, Bd. 3 #4

[20] Schaumberg, Herbert et al.: „Sensory Neuropathy from Pyridoxine Abuse." The New England Journal of Medicine 1983, 309: 445-447

[21] „Drilling for Danger." Newsweek, 15. Okt. 1990, S. 80

[22] Deng, Han-Xiang et al.: „ALS and Structural Defects in Cu, Zn Superoxide Dismutase." Science, 261: 1047-1050

[23] Dry, J. und Pradalier, A.: „Histamine Antagonists." Antihormones, Agarwal, ED. Elsevier: North Holland Biomedical Press, 1979

[24] Philpott, William et al.: „The Role Of Addiction in the Mental Disease Process." The Journal Of Applied Nutrition 1980, 32: 20-36

[25] Freed, D.: „Allergens as Poisons: Airborne and Food-Borne Toxins." Clinical Ecology 1986, 4/1: 21-25

[26] Physician's Desk Reference, 42nd Ed., Medical Economics, 1988

[27] siehe [4]

[28] Lust, John: The Herb Book. New York: Bantam Books, 1980

[29] Thie, John F.: Touch For Health. Marina Del Rey: De Vorss & Co., 1979. Deutsch: Gesund durch Berühren / Touch for Health. Eine neue Methode zur Aktivierung der natürlichen Lebensenergien und des körperlichen und seelischen Gleichgewichts. Basel, 10. Aufl. 1994: Sphinx / München 1995: Hugendubel

[30] Walther, David: Applied Kinesiology, Vol I,: Basic Procedures And Muscle Testing. Pueblo: Systems DC, 1981

[31] Rochlitz, Steven: Allergies and Candida, a.a.O.

[32] „More On Aspartame As Brain Killer". The Human Ecology Balancing Scientist, Bd. 2, Nr. 2, Sept. 1988

[33] Wholemind, August 1988

[34] „New Study On The Dangers Of Aspartame." The Human Ecology Balancing Scientist, Bd. 2, Nr. 4, März 1989

[35] Journal Of Applied Nutrition. Bd. 40, Nr. 2

[36] „Verification Of Tenet Of Rochlitz Aldehyde Dyslexia Hypothesis." The Human Ecology Balancing Scientist, Bd. 2, Nr. 3, Jan. 1989

[37] Karl, Peter: „Acetaldehyde Production And Transfer By The Perfused Placental Cotyledon." Science, 14. Okt.1988

[38] Papaioannou, R., Pfeiffer, C.: „Sulfite Sensitivity – Unrecognized Threat: Is Molybdenum the Cause?" Journal of Orthomolecular Psychiatry 1984, 13: 105-110

[39] siehe [16]

[40] „Exercise Helps CFS." The Human Ecology And Energy Balancing Scientist, 4: 2

[41] „TV Causes Depression." The Human Ecology And Energy Balancing Scientist, 4: 3

[42] Rochlitz, Steven. Allergies and Candida, a.a.O.

[43] „Fibromyositis." The Human Ecology And Energy Balancing Scientist, Bd. 6 #2

[44] Science, 8. Nov. 1991, S. 797

[45] „Maestro & Giving Blood." The Human Ecology And Energy Balancing Scientist, 3: 1

[46] After Heart Integration, Physician Wonders – Is This Two Different People? The Human Ecology And Energy Balancing Scientist, Bd. 3, #3

[47] „Rochlitz Heart Integration Warms Up Cold Hand." The Human Ecology And Energy Balancing Scientist, Bd. 4, #l

[48] „Blood Pressure Normalized With Rochlitz Heart Integration." The Human Ecology Balancing Scientist, Bd. 1, #4

[49] ebd.

[50] ebd.

[51] Mackarness, Richard: Eating Dangerously: The Hazards Of Hidden

Allergy. New York: Harcourt, Brace, Jovanovich, 1976. Deutsch: Allergie. Die individuelle „Eliminierungsdiät" als Behandlungsansatz bei körperlichen und seelischen Störungen gegen Nahrungsmittel und Chemikalien. Stuttgart, 4. Aufl. 1991: Hippokrates

[52] Philpott, William und Kalita, Dwight: Brain Allergies: The Psychonutrient Connection. New Canaan: Keats, 1980

[53] Philpott, William und Kalita, Dwight: Victory Over Diabetes: A Bioecologic Triumph. New Canaan: Keats, 1983

[54] Randolph, Theron und Moss, Ralph: An Alternative Approach To Allergies. New York: Bantam Books, 1982. Deutsch: Allergien: Folgen von Umweltbelastung und Ernährung. Chronische Erkrankungen aus der Sicht der Klinischen Ökologie. Heidelberg, 7. Aufl. 1995: C.F. Müller (Alternative Konzepte)

[55] Brown, Barbara: New Mind, New Body. New York: Harper and Row, 1974.

# Stichwortverzeichnis

# Über den Autor

Prof. Steven Rochlitz ist vielleicht der einzige Physiker, Ernährungsfachmann und Kinesiologe der Welt in einer Person. Er war Mitglied des Amerikanischen Institutes für Physik, des Amerikanischen Verbandes der Physiker in der Medizin, des Amerikanischen Verbandes für die Förderung der Wissenschaft, der New Yorker Akademie der Wissenschaften und der Internationalen Akademie für Ernährung und Präventivmedizin. Alle seine Grade (vom City College, New York und der Universität des Staates New York in Stony Brook) hat er in Physik erworben. Während seiner fünf Jahre als promovierter Physiker erhielt Rochlitz die angesehene National Science Foundation Graduate Research Fellowship für Forschungsarbeiten zur Doktorarbeit in Astrophysik und mathematischer Biologie. Im Alter von 23 Jahren unterrichtete er graduierte und nicht-graduierte Physiker an zwei Universitäten.

Anfang der 80er Jahre wurde er zum Fachmann in einer neuen Wissenschaft, der Angewandten Kinesiologie. Rochlitz begann, seine Methoden in der ganzen Welt an Laien und Ärzte weiterzugeben. Seine Entdeckungen haben Rochlitz einen Eintrag im „Who is Who" in Wissenschaft und Technik eingebracht und zu Rundfunk- und Fernsehauftritten in der ganzen Welt geführt. Er hat Artikel in Gesundheitszeitschriften und medizinischen Fachzeitungen und auf Tonkassetten veröffentlicht und ist Herausgeber des Human Ecology & Energy Balancing Scientist. Es hat die Übungen zur Herz-Integration, Meridian-Integration und Meta-Integration und die Candida-Balance entwickelt. Rochlitz' erstes Buch, „Allergies and Candida: with the Physicist's Rapid Solution" wurde in mehreren Sprachen ein Bestseller. Dies ist sein drittes Buch zum Thema Gesundheit und Selbsthilfe.

**Dr. Roger J. Callahan:**

## Der unwiderstehliche Drang. Süchte
## – und was Sie dagegen tun können

„Warum esse ich den ganzen Tag, obwohl ich keinen Hunger habe?" – Immer mehr Menschen leiden heute unter Suchterscheinungen, angefangen vom Drang nach Schokolade, Alkohol, Koffein und Nikotin über zwanghaftes Verhalten (wie Glücksspiel oder Dauer-fernsehen) bis hin zur Abhängigkeit von Drogen wie Valium, Kokain, Heroin. Roger Callahan zeigt, wie man seine bereits aus *Leben ohne Phobie* bekannte Methode auf Süchte anwenden und akuten Suchtdrang damit überwinden kann. Er schildert, wie man die Behandlung mit der Technik des Visualisierens unterstützt, und beschreibt eine Entspannungsübung, mit der sich Streß abbauen und ein Rückfall ins Suchtverhalten vermeiden läßt.

115 Seiten, 5 Illustrationen, Paperback,
22,80 DM / 22,80 sFr. / 178,– öS, ISBN 3-924077-29-0

---

**Fred Warnke: Was Hänschen nicht hört...**
## Elternratgeber Lese-Rechtschreib-Schwäche

Was Hänschen nicht genau hört, kann Hänschen auch nicht richtig schreiben. Von diesem Grundgedanken ausgehend, zeigt der Autor neue Wege der Früherkennung und Überwindung der Lese-Rechtschreib-Schwäche („Legasthenie") auf. Die leicht verständliche Beschreibung der spielerischen Test- und Trainingsverfahren, die er selbst entwickelt hat, ermöglicht es jeder Familie, diese Verfahren selbständig zu Hause anzuwenden. Dazu dienen auch die Übungstexte für Kinder mit 28 ganzseitigen Bildern und die zusammen mit diesem Buch erschienene CD *Dyslexie und Hör-Lateralität* (ISBN 3-924077-43-6; 29,80 DM/sFr.); sie enthält außer dem Früherkennungstest einen Fachvortrag mit zahlreichen Hörbeispielen zu den Themen dieses Buches.

2. stark erweit. Aufl., 184 Seiten (21 × 29,2 cm),
Paperback, 39,80 DM / 39,80 sFr. / 311,– öS,
ISBN 3-924077-56-8

---

**Lowell Jay Arthur:**
## Das Geheimnis der Anziehung

Für alle, die sich eine Beziehung wünschen und nicht wissen, wie sie sich diesen Wunsch erfüllen.

Lowell Jay Arthur arbeitet als NLP-Trainer und Autor. In diesem Buch wird er Ihnen mit anregenden, aufeinander aufbauenden Übungen und mit Überraschungen auch zwischen den Zeilen Ihr eigenes Geheimnis nahebringen: das Geheimnis Ihrer ganz persönlichen Anziehungskraft. Er ermuntert Sie zu einer Abenteuerreise zu sich selbst, in der Sie alle Konventionen und Prägungen loslassen dürfen, um zu Ihrer eigenen Lebens- und Liebesform zu gelangen ...

NLP zum Einsteigen und Abfahren!

1996, 256 Seiten, 12 Abb., Paperback (13 x 20,5 cm),
29,80 DM / 29,80 sFR. / 233,– öS, ISBN 3-924077-77-0